公共行政规范理论译丛
● 主　编：马　骏　任剑涛

公共行政中的批判社会理论

CRITICAL SOCIAL THEORY IN PUBLIC ADMINISTRATION

〖美〗理查德·C.博克斯（Richard C. Box）／著
戴　黍／译

中央编译出版社
Central Compilation & Translation Press

译丛总序

在现代公共行政学的发展史上，一直有两条重要的主线：规范与实证理论。现代公共行政学正是围绕着这两条理论线索不断发展起来的。这两条主线有时相安无事，各走各的，有时则相互碰撞，发生争执。无论是那一种情况，它们都在推动着公共行政学的发展。只有同时把握这两条主线的研究，熟悉它们各自的主要理论及研究方法，才能完整和准确地了解现代公共行政学。尽管许多人将公共行政学的诞生追溯到19世纪末，但是，作为一个相对独立的"学科"，公共行政学成型于20世纪的美国，并在20世纪30年代进入其发展的黄金时代，形成了所谓的古典公共行政学。1947年，西蒙出版了《行政行为》，次年，瓦尔多出版了《行政国家》。两位学者及其著述凸显了公共行政学中两种学术旨趣之争：实证取向的公共行政学，还是价值取向的公共行政学？1952年，西蒙与瓦尔多之间就此发生辩论。这场著名的"西蒙/瓦尔多之辩"正式结束了公共行政学的古典时期。自那以后，美国公共行政学就分裂成许多流派，由此进入一个长达近60年的范式分离和竞争。在这一竞争的格局中，规范理论一直占有重要的地位，深刻地影响着公共行政学的发展。而且，最为有趣的是，尽管20世纪50年代以来，实证研究越来越成为社会科学，尤其是美国社会科学的主流，在公共行政学尤其是美国公共行政学中，规范理论一直发挥着举足轻重的影响，许多顶尖的公共行政学家都在从事规范研究。这在一些希望将公共行政学变成"科学"的学者眼里，极大地妨碍公共行政学发展成为"受人尊重的"硬科学。然而，不可否认的是，正是由于规范研究的存在，才使得公共行政学一直保持着敏锐而深刻的批判精神以及不断进行创新的活力。从20世纪70年代的新公共行政学，到80年代出现并仍然非常活跃的"公共行政理论网络"（Public Administration Theory Network，PAT－NET），公共行政学中的规范研究一直不乏传承，不断推出产生重大影响的著作。著名公共行政学家斯蒂尔曼（Stillman，1999）将"公共行政理论网络"的学者称为"诠释派"。这一流派的学者都是实证研究的反对者，都主张在公共行政学中开展"诠释研究"和"批判研究"。他们一方面批判性地反思行政国家的现代性基础，反思公共行政学的哲学基础，另一方面对于公共行政中的价值问题（例如社会公平）和公民权问题等极其关注，孜孜不倦地寻找建立美好社会的替代方案。有时，他们像一些破坏者，撼动那些支撑着我们已经习以为常的现代行政国家的基石；有时，他们像一些幻想者，构想者一些曲高和寡的、新的治理模式；有时，他们使用的术语是那样的生僻而且古怪，他们使用的思辨方式也让那些熟悉和热爱定量数据的人们感到陌生。然而，无论如何，我们都必须认真地对待他们的研究，并保持一种开放的态度。应该认识到，实证研究只是我们认识世界的方式之一，绝不是唯一的至高无上的研究方法。

目前，国内公共行政学研究整体落后于国际学术水平。不仅在实证研究方面非常落后，而且在规范研究方面也非常落后。对于规范研究，国内一些研究者的理解也是非常问题的，似乎只要不用定量数据就是规范研究，而不知规范研究也有其独特的理论建构方式和质量标准。翻译、介绍公共行政学中的这些规范理论，对于提高我国公共行政学中规范研究的质量意义重大。同时，也对我们的改革实践具有重大意义。目前，如何适应社会、经济变迁重构国家治理已是中国公共行政学必须提出整体性解决方案的根本性大问题。这不仅需要严谨、科学的实证研究，更需要建设性的规范理论。本译丛主要翻译和介绍瓦尔多的《行政国家》发表以来、在20世纪70年代初具规模、在80年代大规模复兴并不断发展壮大的公共行政学中的规范理论。本译丛着重选择公共行政学规范理论中的经典著作以及最近几年引起各种争论的最新著作。我们希望，这有助于矫正汉语公共行政学界的一些认知偏差，更好地引导汉语公共行政学的健康发展。我们两人分别从事规范和实证研究，按理学术取向不同，难以进行学术交流。所幸，作为同事，我们经常有机会进行一些交流。在交流中发现，实证研究与规范研究之间的交流和互动，每每收获甚大，可起相互启发之效。同时，深忧我国公共行政学研究中越来越重的纯粹管理主义乃至工程主义倾向，遂有编辑此译丛的想法。其后，得中央编译局贾宇琰女士及该局其他同仁的支持，以及各位译者的辛勤工作，方有此丛书面世。

马骏　任剑涛
2008年2月10日于中山大学

目录 Contents

导　言 ·· 1
　　批判社会理论的一种特殊形式 ··· 4
　　主旨和章节 ··· 8
　　批判社会理论框架 ·· 11

第一章　后现代环境中的批判性想象 ··································· 16
　　批判社会理论 ··· 18
　　　　矛盾、辩证法与变革 ·· 19
　　　　批判理性与想象 ·· 20
　　　　解放与自决 ··· 22
　　公共行政领域中的批判理论 ·· 25
　　当今批判理论的必要性 ··· 29
　　实用主义与空想 ·· 32
　　结论：批判的复兴？ ·· 37

第二章　矛盾、乌托邦和公共行政 ······································ 39
　　矛盾与遏制 ·· 42
　　民　主 ·· 48
　　战争国家 ··· 51
　　研　究 ·· 53

性　别 …………………………………………………… 56
　　拒绝与乌托邦 …………………………………………… 59

第三章　"真"实在别处：批判的历史 …………………… 62
　　解构历史 ………………………………………………… 64
　　重新界定/重新发现历史 ………………………………… 69
　　可复原的要素 …………………………………………… 72
　　解　放 …………………………………………………… 73
　　社会希望 ………………………………………………… 76
　　批判的公共行政学 ……………………………………… 80
　　"十字路口的克莱奥"：撰写批判的历史 ……………… 83

第四章　批判理论与话语矛盾 …………………………… 88
　　各种模式的价值基础 …………………………………… 90
　　　　合法性范式 ………………………………………… 90
　　　　批判理论模式 ……………………………………… 93
　　掌权者与受治者之间的关系 …………………………… 96
　　　　社区权力方面的文献 ……………………………… 96
　　　　增长机器模式 ……………………………………… 98
　　　　"四城"模式 ……………………………………… 99
　　　　社区取向的多样性 ………………………………… 101
　　话语效用 ………………………………………………… 103
　　　　话语合法性 ………………………………………… 103
　　　　话语介入 …………………………………………… 105
　　　　行政官员—公民互动的结果 ……………………… 106
　　　　有益于话语的情形 ………………………………… 109

结论：批判理论的实际应用 …………………… 111

第五章　实用主义话语与行政合法性 ……………… 114
　　理论的局限 …………………………………………… 121
　　实用主义的效用 ……………………………………… 124
　　协作与批判思想 ……………………………………… 129
　　结论：行政合法性 …………………………………… 135

第六章　私人生活与反行政 …………………………… 140
　　日常人类利益 ………………………………………… 143
　　　　地　理 …………………………………………… 144
　　　　邻里环境 ………………………………………… 145
　　　　政治经济 ………………………………………… 147
　　　　物质性 …………………………………………… 149
　　公民权利与私人生活 ………………………………… 152
　　想　象 ………………………………………………… 155

第七章　批判实践与发现公众的问题 ………………… 161
　　难以捉摸的公众 ……………………………………… 162
　　批判理论与社区背景 ………………………………… 171
　　批判实践的目的 ……………………………………… 178

参考文献 ……………………………………………… 187
索　引 ………………………………………………… 203
译后记 ………………………………………………… 225

导 言

本书旨在对批判社会理论（critical social theory）在公共行政中的应用架构加以介绍。本书力图在公共行政领域中激起对那些趋于塑造与约束学术、教学、实践和社会变革的社会情境的认知——这样的目标应当称得上是恰当的。"介绍"或许并不是最合适的字眼，因为在这一架构中，并没有什么"新"的内容及要素由公共行政领域中的学者和实践者加以使用。本书并不打算加入最近风行于公共行政实践中的管理技术或管理创新的竞争之中，而是致力于对数十年前的一些重要文献进行积累、提炼。

批判社会理论由法兰克福学派（Frankfurt school）社会研究所（Institute for Social Research）于1937年提出，当时称作"社会的批判理论"（critical theory of society）（Kellner, 2001, p. 9）。除去一些特别的例外，这一理论在公共行政领域中大体上是被忽略的。在公共行政领域中，人们更多地专注于微观层面的执行，而较少理会宏观层面的社会情境并且常常避免去质疑那些压制性的或不公正的社会结构和社会实践。本书的一个主要假定是：基于一些学者和实践者积极参与思想与行动的筹划，以创造建设性的社会变革的意愿，在公共行政领域中反思我们与社会之间的关系，现在正是恰当的时机。支持这一假定的证据广泛存在于那些我们身边随处可见的关于不公正、不平等、财富和权力的极端集中、无意义的和毁灭性的战争与暴力，以及大规模的环境破坏的新闻之中。

在最宽泛的意义上，批判社会理论或许是一种关于"可替代的未来"（alternative future）的乌托邦理想的思想遗存。由此，批判社会理论逐渐发展为弗雷德里克·杰姆逊（Frederic Jameson）所刻画的那样，即"作为晚期资本主义（late capitalism）或处于全球霸权阶段的资本主义（capitalism in its phase of global hegemony）的文化逻辑的后现代主义（postmodernism）"（Booker，2002，p. 4）。布克尔认为，20世纪50年代后现代主义的兴起与"美国乌托邦想象的最终瓦解"（p. 10）是相照应的。由于受到"边缘化和惯例化的双重约束"，美国人"惊恐于成为异类，无法成为他们郊区居所的新电视里经常播放的正常样貌"，并且：

> 他们害怕全然失去个性，由此加入到构成社团机器（corporate machine）齿轮组的匿名的和可互换的齿轮系列中。同时，还隐现着一些不祥的预兆：并非所有美国人都如此富足，更不用说那些居于世界上其他地方的更大多数人了。因而，在整个20世纪50年代，白皮肤、中产阶级美国人越来越多地把他们的生活空间想象为一个繁荣而宁静的岛屿，四周是充满威胁的贫穷和混乱的海洋。这种想象或多或少地体现在美国电影屏幕上那些驱车击溃野蛮印第安人进攻的先驱者们的身上。（pp. 9 - 10）

在布克尔（2001，pp. 11 - 15；2002，pp. 7 - 8）看来，就对晚期资本主义的替代可能加以概念化的严肃尝试而言，这是一种终结的开始，尽管与之相随的有大卫·赖斯曼（David Reisman，《孤独的人群》，1950）、威廉·怀特（William Whyte，《组织人》，1956）和C.

赖特·米尔斯（C. Wright Mills,《权力精英》，1956）等人对社会情境的批评，以及整个20世纪60年代蓬勃兴起的激进思潮。虽然布克尔提及后现代主义可以作为对主流社会进行批评和拒斥的一种思想资源，但他（2002, p.195）发现"后现代主义的这种批评态度对晚期资本主义的霸权并未造成真正的挑战，在一定程度上这是因为实在缺乏任何有效的乌托邦式的替代选择"。相比之下，特丽萨·埃伯特（Theresa Ebert, 1996, p.148）则显得更为乐观，希望通过部分地介入"父权制资本主义的知识工业"，将对观念和制度的唯物主义经济学批判引入文化的后现代主义中。这无疑将困难重重，因为在全球化资本主义或后现代社会的疆域内，当代的社会情境并不鼓励那些针对现状的批评和关于替代选择的讨论。

由于难以通过大规模的干预对当前的社会组织施加影响，所以本书在此所勾勒的学习与实践模式只是一个过程，而不是一幅专为社会和组织结果而作的清晰蓝图，虽然书中确实包含了宽泛的对于可供选择的未来的规范性描述。本书的批判性结构包括了对晚期资本主义社会趋势的认识，而晚期资本主义社会是通过抑制个人和社会发展以及压制地方变革的工作进程而得以组织的。本书并未假定通往变革的唯一途径必然是激进的，是对现行组织和实践的广泛摒弃。相反，本书将个体与群体对破坏制度和实践的抵制视为一种有效的发展路径。在理论层面上，布赖恩·费伊（Brain Fay, 1987, p.212）描绘了一种复兴了的、由"自觉地本地化的、特殊的、立场鲜明的、实验的和自然的"理论所组成的批判社会科学。对"理论的建立和运用将怎样发生于每一背景或问题情境"这一问题，将由在特定时间和地点参与其中的人们加以决定。

基于事态的发展，人们有时可能特别易于接受对社会的批判性分析。现在或许就是这样的时机：人们已然发现政府的设定目标和操作程序一直推行着那些被视为恰当的种种限制。也许数年之后，时下由新自由主义的资本主义社会所显示出的对人与环境的侵略性的、罕为人知的、破坏性的路径将变得温和。然而，支撑时下社会情境的经济与制度的结构和实践已经存在了若干时间，并且毫无疑问，这种结构和实践仍将延续到可预知的未来。所幸，对于批判性分析而言，现今事态的发展正使这些问题得以日益明晰。但是，如果存在各不相同的更擅于遮蔽问题的当权者，这并不必然意味着根本性的社会结构和实践将发生重大变革。

批判社会理论的一种特殊形式

今天，许多人把批判理论和尤尔根·哈贝马斯（Jürgen Habermas）所做的工作当成一回事。在当代的社会科学领域中，一些学者已经不止是把哈贝马斯现有的著作看成专事批判的思想成果，而更多地认为他是政治学和哲学思想主流中的改革主义者。人们经常因为哈贝马斯对于主体间交往（intersubjective communication）维度的使用，而把他和包括赫伯特·马尔库塞（Herbert Marcuse）在内的法兰克福学派的前辈们区别开来。哈贝马斯对主体间交往维度的使用，去除了主体的中心主义并且承认了在社会层面上构建出来的人类感知特性。然而，卡尔·马克思（in Tucker, 1972, p. 223）认定，人类本身就是社会产物，第一代法兰克福学派的理论家也持这种观点。我们对社会意义的部分理解在主体之间得以构建这一事实并未否定个体的价值和意图。虽然这些价值和意图在社会环境中得以塑造，但是对每一个体而言，其特性都是唯一的。处在主体间话语背景中的人类行为经常表现为人们对公共事件所作决策全过程的一个很小的部分。即使有可能创造"理想的"话语情境——在这样的情境中权力和职位的不同并不发挥效用,即使可能对相互割裂的、有争议的问题(都是大胆的假设)达成一个非强制性的、民主的共识,话语本身也很少决定社会事件的过程。

批判社会理论有好几种形式。本书所运用的批判社会理论源自赫伯特·马尔库塞的著作。马尔库塞的思想经常被斥为太过激进或已然过时,并不时被人们拿来就组织人性化、人际关系、政府运作和国际事务的方式等问题与当代思潮进行对比。这正是本书的焦点,因为我发现马尔库塞的思想在理解公共实践和公共现象中的具体、直接的事务——诸如政治—行政的关系和经济学概念向公共治理的渗透——时,尤其有用。

作为地方政府中的一名实践者,我觉得政府系统在权贵利益——他们利用政府谋取个人的经济利益——的驱动下,对于公众参与的认知和便利怀有偏见。法律、政策、程序、官僚责任以及诸如"公众听证"之类的决策方法,减损了公众的参与权,降低了他们基于更广泛的集体利益思考未来的可能性。并不是所有公民都屏息以待,期望获得机会去了解复杂的公共事务并与其他人展开讨论。然而,如果能够得到相应的知识和运用这些知识的机会,有些人还是会为了人类和自然世界的利益而愿意这样做。

在当前的情境下,"失去机会"的意思并不是指在公众之间或是在政治和经济精英之中假定某种单一的兴趣,也不是要在政治/经济决策者和更广泛的群体之间假定一种志趣的歧异。批判社会理论假定,自由资本主义社会的竞争、贪婪的本性使得统治和压制的模式势必在绝大多数背景下以某种形式表现出来,但是在特定的场所和时间内(不论其范围是全球性的、国家的、区域的,还是本地化的),其兴趣与意图的特质将只能在特定背景下得以理解。还应明确的是，公众的进入与机会的属性因地因时而异。在某些场所和某些时刻，社会结构与实践已经被改变，从而使得市场规则和自治可能性之间的平衡发生重要的转化。然而，在公众的质询和言论受到抑制的地方，结局就相应地可以预知并且呈现为狭隘的偏好选择。

马尔库塞的著作有助于理解这样的情境，因为它为政治和经济系统、技术、自然环境和人类动机之间的相互作用提供了一种综合的观察视角。马尔库塞作为理论家经常受到拒斥的一个原因是，人们并没有领略其时间跨度上至20世纪30年代、下及70年代的著述的全貌。相反，人们往往只是讨论其中的一部——经常是《单向度的人》，接着就陷入有失偏颇的歪曲误解中了。这是一种草率的学术见解，它错失了丰富、复杂而且十分易于获取的文献材料。这些文献材料为我们的时代构建了一个令人惊讶的彻底且中肯的概念背景。（对马尔库塞思想的全景式回顾，最近已经在道格拉斯·凯尔纳编辑出版的马尔库塞选集中得以充分阐述。）除了由于缺乏认知而导致的理解误差问题，在马尔库塞与当代哲学的鉴赏力之间还存在着缺乏共鸣的尴尬。道格拉斯·凯尔纳（1998，p. xiii）将马尔库塞描述为处于巅峰的具有学者风范和公众认知度的观念提出者：

> 在20世纪60年代晚期和70年代期间，赫伯特·马尔库塞被认为是世界上仍然在世的最重要的理论家。作为一名力倡解放和革命的哲学家，马尔库塞受到全世界的赞誉，成为时代精神的杰出代表，并深切地影响着新左派和反抗运动……毫无疑问，他的著作已经全面触及公众，他在大众媒体上被讨论、攻击和赞美，在学术出版物上也同样如此。

然而，1979年马尔库塞逝世之后，他的影响也就随之衰落。在

相当大的程度上,这是因为他被一种新的趋势所取代:

> 马尔库塞并不适合那些关注现代和后现代思想的时髦辩论。与阿多诺不同,马尔库塞没有预料到后现代主义对理性和启蒙的攻击,并且他的辩证法也不是"消极的"。相反,马尔库塞赞成重建理性和为现存社会设置乌托邦式替代选择的方案——这是一个已经失宠于(拒斥革命思想和探寻自由与社会重建的宏大视野的)时代的辩证的幻象。(Kellner,1998,p. xiv)

人们经常因为那些对他们生活其中的社会所作的批评而感到不安,他们表达着对集体腐败或空气污染之类具体问题的关注,却反对将这些问题看作是社会结构和社会运行的可预期的结果。这加大了制订全面、长期解决方案的难度。在媒体驱动的、一元化的通俗文化背景下,人们对于社会模式、社会结构、激励力量和运行结果的理性上的不安因为当代社会的复杂性、后现代主义对思想根基的质问,以及全球化的新自由资本主义而得以加剧。在这一情境中,人们面临的问题表现为:是接受现状,还是将关于社会替代选择的批判想象引入论析、提出挑战?本书认为对于处在特定境遇中的人们来说,后一个选择比消极被动要更为可取。

正如在第一章中所讨论的,基于好几个原因,批判理论仍未在公共行政领域中产生重要影响。本书的意图并不是要把20世纪中期的批判理论不加改变地带入21世纪之中,而是要使批判理论主体中有用的观念要素适应当代情境。自20世纪70年代以来,马尔库塞的社会分析在很大程度上已被人们淡忘,并且被批评为过分简单化和极端化。今天,马尔库塞的社会分析却令人气馁地显示出先见之明和中肯之处。当马尔库塞所关注的问题被融入着眼于今日社会之复杂性的当代理论家的论见中时,它们在将可供替代选择的未来加以概念化的过程中,显得特别有用。我希望,批判性想象的运用或许能够向本书的读者展示,考虑到人们周遭的条件,这是我们能够做的最起码的事情。

主旨和章节

本书中所用的材料都是近几年来为发表或出版而撰写的。与较晚时期的作品强调对法兰克福学派思想加以改革,以适应当代公共行政之需相呼应,本书每一章都探讨了一个将批判社会理论运用于理论构建和实践的特定问题。然而,各章却并非按照时间排序,而是考虑到所论主题的连贯性:它们都旨在将读者引入公共服务情境下的批判视角之中。读者将会遇到一些概念讨论方面的重复——如单向度(one-dimensionality),但是每次这样的讨论都发生在一种不同的话题情境之下,并且都将提出另外的观念。

第一、二章和第三章介绍了批判社会理论及其在公共行政研究中的运用。第一章追溯了公共行政中使用批判理论的历史、论证了批判理论在这一领域中的效用、并且提出本书的批判社会理论框架:矛盾、辩证和变革,批判的推理和想象,以及解放和自主。为了阐明批判社会理论和某些当前众所周知的思想主体之间的区别,本书选择了理查德·罗蒂(Richard Rorty)的后现代实用主义(postmodern pragmatism)作为参照。马尔库塞和罗蒂都关注社会中的压制状态,但是他们关于"人们应该做什么"的结论却完全不同。

第二章沿着马尔库塞关于更好的社会特性的思想脉络,概括了其论著的几个特点〔民主、战争国家、"全面管理(total administration）研究"和性别]。对总体行政研究的讨论批评了实证主义研究。实证主义研究意欲描述现状并力图预测和控制，但却代之以源于自然科学的不合适的"科学的"模型，而这样的模型对于改善公共服务的实践从来都罕有可取之处。

第三章的焦点是批判地审思历史、审思我们描绘"现今何以构建"的方式的学术。本章刻画了以压制形式为特征的社会。接着，在表达了与《公共行政评论》（Kirlin，1996）关于"民主制中公共行政的大问题"的文章相似的观念之后，本章又沿着柯蒂斯·文崔斯（Curtis Ventriss）的叙述观察到：

> 鉴于关于社会、行动，以及历史的这些假设，学者们能够或者应该在其学术工作中为着有意义的变革而对这一问题有所作为。在强大的力量把新的生命注入相互分离的民主方案期间，我们工作于一个趋于技术化和工具化的领域之中。通过重振使得许多思想销声匿迹的政治—行政二分法（politics-administration dichotomy），这些民主方案将在行政过程中得以形成。这些力量试图瓦解公共行政中社会的/政治的，以及组织的/管理的这两个思考领域，而将其纳入组织的/管理的一个领域之内。（Ventriss, 2000; in Box & King, 2000, p. 764）

接下来的第四章将重点放在公共行政实践上，包括公民话语过程、行政对公众的影响，以及在机会允许的情况下发掘自我治理的"公共的"准备和意愿的问题。在第四章中，我们以一种对社区政治的批判性描述为背景，检视了公共实践者在五个层面推进公民话语的可能性，公共行政中的"话语理论"（discourse theory）占据了其中的几种形式。第五章对上述问题进行了回顾。在第五章中，基于人们对"批判视角需要充分理解行政的政治和经济环境"的认识，实用主义话语模型引发重大变革的潜力受到质疑。

未及致歉，第六章和第七章转向了一种颇为悲观、批判的论调。第六章中的主张——公共实践者务必避免损害"私人生活"——撰写于2001年"9·11"事件发生之前不久，现在看来，这一主张甚至更为中肯了。对私人生活的关注和批判社会理论框架之间的关联，在于对塑造了行政活动的市场导向的社会情境的描绘。那些将物理社区（physical community）作为主要赚取利润的场所的人们，通常是有权势者和当选官员，他们决定着公共机构的行动。在一定程度上，其间存在着公民利益的潜在冲突。对于这些公民来说，他们主要关心的是作为一个生活场所、作为一个日常体验的环境的社区。悖谬的是，这种对施加于私人生活之上的行政影响的关注，竟然与古典自由主义对"消极权利"（negative rights）（通过集体行动获得保护）的强调颇为类似。然而，本章并不打算像古典主义/新自由主义那样，把公共和私人问题区分开来，从而使"积极权利"（positive rights）（实质平等和社会正义）从公共议程中脱离出去。

第六章最为关键之处在于这样的主张，即：公共行政应当运用想象来对归于人们名下的生活加以概念化。私人生活建立于对家庭和邻里关系、自然和社会环境的物质关注之上。这些事物是托马斯·杰斐逊（Thomas Jefferson）称为"生活、自由和幸福追求"的核心。在认识论的层面，这种对私人生活的深层思考，显示出批判社会理论和主流学术研究之间的鲜明对比。批判社会理论的重心并不是放在基于统计处理"数据"的知识创建上，它关注的是建设性变革（constructive change）。批判社会理论的语言有时可能会在抽象层面上得以运用，这也使得其意图和日常体验中的基础变得模糊。然而，这种理论的依据却并不抽象。它是实践性的、直接的，并且与世界境况有着紧密的联系。如果这种努力有益于学术事业，当然是一件好事，但这并不是其主要目的。

另一方面，第七章所讨论的核心问题是，通常难以找到"公共性"来假定个人应承担关注公共议程的责任。在公共行政的文献中，时常会看到这样的期待：人们希望参与到自我治理（self-governance）之中，而且这种参与将有别于民主的进程和结果。针对公众自治能力的怀疑论（skepticism）充斥于美国很长的一段历史之中。在现今发达的消费资本主义（consumerist capitalism）的社会环境中，人们或许应当承认：这种能力已经大为减弱，以至于无法期望它对抗阻碍自治理念的各种力量。本章的论述将本地街景的设计案例作为克服资产—收益（property-and-profit）导向的困难的例证，这种取向在很大程度上决定了本地的公共政治和行政生活。

第七章还阐释了批判社会理论框架在日常运用中的一个重要特征。人们可以用批判社会理论框架来分析阶级不平等和阶级压迫的状况——这些状况传统上属于"激进"思想的关注范围。但是，将批判社会理论限定在不公正、贫穷、劳动剥削等极端例子的讨论中，使得它在观念上被排除于中产阶级大多数更为熟悉的背景之外。本书的核心主题是这样的理念：批判社会理论在公共部门中最众所周知，且看来平淡无奇的问题确定、决策制订和行政执行中，是有用武之地的。

批判社会理论框架

本书的内容看起来可能颇为消极，但这就是批判社会理论，旨在确认"是什么"和"可能是什么"之间的矛盾，并且展示建设性变革的潜力。虽然为批判性框架的运用结果寻找一份蓝图可能是令人欣慰的，但是参与到拒斥现状和努力创造更好未来的特定行为之中的人们才拥有唯一的优先权。此处的焦点是社会情境的特征和批判性框架——一个变革过程的运用。如果产生的结果遂人心愿，人们对它们的表述可能在目标上与大部分批判理论大同小异。批判理论的研究工作是面向未来的，其方式是和平与协作的，而不是侵略与竞争的，它力图给予人们关于其处境的可替代性的知识，并且为其提供创造变革的手段。这意味着政治和经济系统中的变革，这样的变革将减少强迫、不公正、不平等和不公平。

本书中的批判社会理论框架由三部分要素组成：矛盾、辩证法和变革；批判理性和想象；解放和自主。实际上，这三组要素可能或可能不像事物的发展阶段那样按照连贯的顺序依次出现，这要取决于参与其中的公民、实践者或学者们的思想进程。本书稍后将对这一框架的要素加以详细讨论，但于此对这些概念加以简述将不无裨益。

矛盾、辩证法和变革为本书各章中所描绘的自然社会假定了一条基线（baseline）。概略而言，用马尔库塞的术语"单向度的"社会来讲，这是一个由霸权的全球化市场所构成的社会（McSwite, 2002, p.18）。自由资本主义民主已经成为主导，作为可替代选择的知识已经逐渐消失；"'实际是什么'即'必须是什么'"的感觉不仅在全球或民族的层面上影响着人们的思想，而且还影响了宗教、社区与邻里关系。其中，经济效率和成果—收益理性将其他的公共价值排挤到话语和决策的边缘地位，并随之损害到个人、社会以及自然环境。

政府控制已经愈发明显地变成一个赤裸裸的经济利益问题。而在过去，政府控制是关乎"谁治理"的一项复杂事务，是那些热衷于"精英拥有美国"观念的人们、和那些将公共过程视为多元和包容的人们所争论的问题。在这样的背景下,正如麦克斯威(2002,p.18)所说:"市场进入,政府退出。流行的观点是:当资本主义战胜社会主义计划经济的时候,它也挫败了'政府本身必不可少'的理念。"虽然过去这样的情形有时可能引发了公共动荡,但在今天,幸运的消费者们用默许换来了产品和服务。

在特定的时间和场所,这一情形能够引发对矛盾的认识:这样的矛盾存在于现有条件和过往记忆或嵌入文化环境中的价值观之间。特里·库珀(Terry Cooper,1998,p.176)在美国背景下提供了一个关于这种价值观的样本:"利益多元主义的好处、冲突中的创造性可能、公共主权、少数民族权益、政府中公民参与的重要性、自由表达的社会价值、民众和政府关系中公正的核心性。"从今天看似稳固的社会结构和社会实践到潜在的可供替代选择的未来,任何目前状况都在其自身之中包含了变革的可能性。通过给予人们从单向度思维中解放出来所需的知识,允许他们展望使其更接近自主决定共同未来的替代选择,这种潜在的辩证的变革可以籍由批判性推理和想象加以推动。这听起来可能很像一个典型的战略规划过程,但是它具有质的不同。批判性框架不是要在现有社会体系中寻求竞争优势,而是要提出对社会体系的质疑并为根本变革作准备。

本书要展示的批判框架并不是具体的技术性的事物,如创建可用的话语环境或对抗私人利益的影响。这些事物无疑是重要的,但当下的任务是要运用一个批判社会理论框架促进学术和实践。就眼前来说,人们所希望的结果,当然是不要在广泛的经济、政治和政府实践中引发总体的或即刻的变革。辩证的变革可能会永不停歇。早期批判思想设想的是革命性变革,它使得人们从资本主义社会的不平等、不公正、竞争性和暴力突然走进一个协作的、平等的、非暴力的，并且是自由导向和创造性个体发展的社会。

今天，发生显著的大规模社会变革的可能性看来比过去要更加微小了。这并不是说建设性变革的目标是无效的，而是意味着行动、进程和预期将大多表现为地方性的和小规模的，并且参与者常常倾向于将变革当做一种过程而非一个终点。人们可能会用基于批判社会理论的变革，与孤立的改革者对特别糟糕的状况所作的毫无计划或长远打算的回应作对比。这是由进步左派（progressive left）所倡导的对非正义的临时、随机的削减（Rorty，1998b），意在将资本主义社会令人不快的棱角剃去，而不挑战其基本前提。相反，批判性方法则专注于对社会条件的系统分析和受常规指引的行为框架。它可能是永无止境的，这一部分是因为变革单向度社会的任务极其艰巨，而且还因为任何可能接受变革的社会条件也将受制于辩证性变革。鉴于辩证性变革的这一特性，而且因为现今要求绝对权威的知识看来已毫无意义，所以我们能够理解：根本不存在完美的、基础性的、乌托邦的理想，而且我们也不需要受"以政治现实或理性能力击败赤裸裸的权力的理性自治的幼稚期望"（Cohen & Rogers，2003，p. 253）的折磨。

赫伯特·马尔库塞以一种其他人很少使用的方式，描述了后现代社会的本性及影响。虽然他坚持彻底的、大规模的变革梦想，但他也承认局部的、小规模行动的潜力。人们可能会对了解他将如何回应21世纪早期的社会状况颇感兴趣。人们很难相信他会彻底放弃对社会进行根本变革的希望，这样的变革将导致关于人性满足、工作，以及人与物理环境之间的关系的不同观念。然而，他或许会迫于环境的压力承认：我们正生活在一个"后社会主义"（postsocialist）世界里。在这个世界中，激进改革者的最佳期望——至少在短期内——是迈向一个"平等民主"（egalitarian-democratic）的社会

(Cohen & Rogers, 2003, p. 253)。这不会是一项毫无意义的成就，也不是史无前例的思想。它和17世纪40年代英国内战期间的平等派和挖掘者运动（the Leveller and Digger movements）有着许多共同意图，并且和18世纪晚期建国时期很多美国人的"共和"思想旨趣相近（Box, 2004, pp. 29 – 33）。批判社会理论鼓励学者和实践者将社会结构和社会实际看作统治、压制和操纵的手段，而且也将其视为有意义的社会变革的潜在起点。

第一章　后现代环境中的批判性想象

　　虽然批判理论对公共机构作出了评判，并且展示了产生更好未来的可能性，但是它在公共行政领域中却已经被边缘化了。造成这种局面的原因之一是，批判理论对于社会变革的规范化愿景（normative vision）挑战了现状，并且威胁到经济和政治的平衡。以下各节概括了社会批判理论的特点，评释其在公共行政领域中所运用的方法，并通过其与后现代实用主义的对比，说明它与当代著名思潮的差异。由于单向度社会和后现代主义妨碍了对社会环境的描述，限制了关于创造更好未来的想象力的使用，所以批判理论现在可能比过去更有价值。

　　公共行政是一个边界模糊的知识领域。研究公共行政的学者在将其称作一个学科时，多少有些心存犹豫。并且，由于缺少本领域自身发展出来的理论，公共行政领域的学者们所用的许多概念框架都是从其他知识领域借用的（例如，从工商管理领域借用了管理理论、领导力、员工激励理论等，又从政治学和经济学领域借用了诸如代理制、问责制和合法性等结构支撑理论等）。在这样一个领域中，人们会认为，一个能够对公共机构作出评判的理论主体再加上一个对更好未来的憧憬，将会对作者富有吸引力。批判理论确实具有这样的特质，但这一点似乎很少在公共行政的文献资料中得到表现。

批判理论显然并没有对公共行政产生重大影响。人们认为，这可能是由于以下几个原因造成的：公共行政中使用最普遍的批判理论，更多的是在组织管理的微观层面运行，而不是作为一种广泛的社会理论；批判理论倾向于在社会混乱和变革时浮出水面，而在社会相对稳定时韬光养晦；实践的工具性领域并不需要抽象的思维；并且，现在正值后现代时期，基于启蒙人文主义（Enlightment humanism）的渲染理论（rendering theories）已经过时。

这些是公共行政中批判理论缺乏的潜在的说得过去的原因，但它们看来仍然是难以令人满意的、不充分的。正如下文所要讨论的，批判理论曾经有机会在公共行政领域中扎根，但是它却只是出现在少数文献中。批判思想之所以未能影响公共行政理论，是因为它对于社会变革的规范化愿景对现状提出了挑战，并且威胁到经济和政治的平衡。公共行政理论和实践在日益加剧的全球化资本主义，以及渗入私人和公共生活的市场逻辑的背景中得以运作，将那些提出社会组织和政府关系的替代方案的思想体系置之脑后。当这种情况成为主导时，关于在个人和机构之间建立联系的替代方法的评判与讨论，就逐渐丧失了人们所认可的重要性和恰当性，虽然它实际上可能比以往更为中肯。

以下各节概括了批判社会理论的特点，评释了其在公共行政领域中所运用的方法，并通过批判理论与后现代实用主义的对比，说明其与当代著名思想之间的差异。本章的中心论题是，对于关注社会条件和重大变革可能性的理论家及从业人员，批判理论能够成为一种让公共行政的学科地位在社会上名正言顺的有用方法。我们无意引起争论，即通过贬低公共行政的其他理论途径来试图让批判社会理论获得首要地位——其实这一理论体系顶多能够吸引到公共行政领域中的一小部分人。关键在于，将批判理论提供给那些期望这一理论可以促进建设性变革的人。

批判社会理论

人们以一种广泛的、包罗万象的方式使用"批判理论"这一术语,掩盖了其方法上的显著差异。许多作者对社会提出了批评,其中一些被囊括于他们的写作要素之中,这些写作要素现在渐渐被看作是批判理论的思想。只是偶尔略微接触批判理论的人们,可能认为它们只是基于粗糙的且不足信的马克思主义的一种过时的思想体系。本书目的在于要说明批判理论是与法兰克福学派相联系的。法兰克福学派始于20世纪20年代,并延续到其后60年代和70年代的主要成员马克斯·霍克海默(Max Horkheimer)、西奥多·阿多诺(Theodor Adorno)和赫伯特·马尔库塞(Herbert Marcuse)等人的作品之中(See Jay, 1973)。批判理论一词也同样适用于一些作家,其中包括作品始于20世纪早期的格奥尔格·卢卡奇(Georg Lukacs)和安东尼·葛兰西(Antonio Gramsci),以及20世纪后期的作家,如尤尔根·哈贝马斯。

由于作者之间采用的方法差异,以及各人作品随时间推移而发生的变化,所以很难对批判理论进行最终描述。承认不同作者的态度有别,寻找这些作品之中少量的共同特点,甚或就其在批判理论中的地位形成共识,这样的做法是有帮助的。从最宽泛的意义来说,批判理论植根于启蒙运动(Enlightment)。启蒙运动是18世纪欧美产生的一种思潮,它用科学、理性和个人自决来摆脱宗教和政府的权威。由于人们会征服自然、克服资源短缺的限制,历史因此被人们认为是线性的、渐进的和引导人类进步的。19世纪卡尔·马克思的作品是对资本主义影响的回应——自从启蒙运动开始就采用的社会和经济形式,并且批判理论可以像马克思作品中所提出的那样,被描述为"社会学思想范畴"(Burrell & Morgan, 1979, p. 283)。随着时代变迁、问题域得以厘清,虽然批判理论已经在一些重要的方面超越了马克思的论述,但它还是包含着下文所讨论的三重特质。

矛盾、辩证法与变革

批判理论的一个首要特征是,它认为社会制度会因为其"何以如此"与"何以可能如此"之间内在的紧张或矛盾,而与时俱进地发生变革。相应的例子包括各种对立双方的不同偏好:如资本家与工人、官员与公民、土地开发商与关注居住环境的人士、满意当前收入和财富分配的社会人士与意图改变现状者,等等。每一个这样的体制性矛盾都是"固有的、不改变其所在的基本结构则是无法解决或'超越'的"(Mills, 1962, p. 83)。目前的"基本结构"或现状,是由感觉"给予"我们的表层现实(surface reality)。而这样的表层现实却正是科学家和学者们研究最多的对象,并将它作为"其存在的方式"(the way it is)予以承认。

霍克海默把文档记载的使用称为既定的"传统理论"(1972, pp. 188-243)。超然于传统理论的恒定知识和一切事物的固有特性之外的,是既定事物转变成其他不同事物的潜在可能性。批判理论探讨这一潜在可能性,是由于它"显示了思想和理论立场与社会环境之间的关系,从而尝试就思想在社会进程中的根源,理清其发展脉络,或者说将思想历史化"(Kellner, 1989, p. 45)。由于它研究的是给定事物向有利于人类的方向转变的可能方法,所以批判理论"是对立的,并且与人类在社会变革中以及在理论与实践的统一过程中的努力联系在一起"(p. 46)。

获取替代现状的知识与促进建设性变革的过程，是辩证的。法兰克福学派对黑格尔辩证法概念（Hegelian concept of dialectic）的使用在概念上站不住脚，并且注定没有结果。法兰克福学派的理论家们赞同诸如卢卡奇、科尔施和葛兰西等作者的观点，拒绝"强调经济规律和客观社会条件"的"客观马克思主义"（Kellner，1989，p.11）。这些理论家们的辩证法，"反而强调特定历史时期的复杂的、对立的并且无法事先确定轨迹的社会关系和斗争"（p.11）。根据道格拉斯·凯尔纳的说法，马尔库塞对辩证法的使用，是把它的研究对象视为一个历史进程的一部分，作为一种方法，它所感知的，用马尔库塞的原话说就是："进步长河中的每一个发展形式……它将它的处于形成和消亡状态的对象视为确定历史情形下的必然结果，并且与植根于这种情况下的人类的生存有关。"（in Kellner，1984年，p.52）

批判理性与想象

人们可能会认为"理性"是一件很好的东西。在日常会话中，说某人"理性"是一种恭维，说某人"不理性"则是一种贬损。不过，在许多学术著作中，理性已经成为了一种消极的理念，它象征着用理性思维创造更好世界的启蒙计划的方法——理性思维在此已经被扭曲成目的一手段的工具理性，被用于维持牺牲大多数人利益来保证一小部分人利益的社会状况。

马丁·杰伊（Martin Jay）指出，法兰克福理论家强调理性并赋予其源于康德和黑格尔的特殊含义。这一含义让理性与作为对世界常识性感知的"理解"（understanding）形成对照。"在这种理解中，世界由与其自身相一致的有限实体构成，与所有其他事物完全对立。因此，它未能透过直觉抓住表象之下的辩证关系。"相反，理性"意味着超越表象之外的能力",从随时可能发生的变革中探索"一种更深层的现实"(Jay,1973,p.60),获得关于事物、人以及条件的矛盾对立的知识。

问题是,现代理性成了一种走向错误方向的启蒙——过去为自由目标而服务的理性,现在已经变成一种具有保护发达资本主义的破坏性力量了。1944年,霍克海默和阿多诺在《启蒙辩证法》中写道,他们仍然"坚信……社会自由与开明思想是分不开的"(p.XIII)。人们在自我理性方面必须是不受约束的,为自己思考就是通往自由之路。但是,理性与启蒙(enlightenment)已经成为压迫的工具。1947年,霍克海默在《理性的衰落》(Eclipse of Reason)中得出如下结论:"对我们来说,如果通过启蒙和开化的过程,我们人类能够摆脱对于邪恶势力、恶魔和仙女以及盲目命运等等的迷信——简而言之,从恐惧中解放出来——那么谴责目前所谓的理性就是最大的理性。"(1947,p.187)

当前人们是把理性作为建设性社会变革的一种手段来加以使用的,尽管这个观点令人沮丧,但马尔库塞还是希望以这样的可能性来拯救理性,即人们可以有意识地选择未来。马尔库塞的这种企图部分涉及了对常识和实证主义的攻击——在此,常识和实证主义充当了工具理性的实例:在掩盖了变革可能性的同时,它维护着既定现实。常识和实证主义导致了"对现实满意、对任何违背其事物的放弃,以及向给定事态的低头的思想",因此抑制和抵销了批判(Marcuse,1941,p.27)。然而,"如果理论分析的任务不仅仅是描述——如果其任务还包括去理解,去认识他们是什么、去认识他们对于那些被当成事实而给予他们的人,以及不得不与其一起生活的人们'意味着'什么……"那么,"对于事实的认识就等于对于事实的评判"(Marcuse,1964,p.118)。

问题的关键在于，目前的社会结构、体制和惯例是否应该被视为事先给定的、固定不变的、价值中立的和几乎不可避免的？抑或它们是否应被视为在重塑现实时作为一种具有可塑性的材料？从概念化变革的启蒙概念起，理性反而已经被那些不想改变现状的人变成了一种叙述性的东西。正如本·阿格（Ben Agger，1992，p.139）所描述的那样："马尔库塞认为，那些关于目的性、实用主义、技术和效率的看似价值中立的理性，实际上包含了利润最大化和统治的真实精神。"

虽然批判理论家们相信，理性已被用于支持统治和控制系统，但还是有一些人认为，人们可以运用理性来设想一个全然不同的未来。理性的地位——尤其在人们所认为的"后现代化"的情境中，依旧是一个悬而未决的问题，但那些理解了"启蒙辩证法"并且致力于非本质主义的、基于历史的变革进程的批判理论学家们，或许会力求把重建批判理性作为对付当代工具理性的一个筹码。正如马尔库塞（1968，p.225）所说的，"技术理性是可以规制一个既定社会的社会理性，并且可以用于在其内部结构中进行变革。"实践中的批判理性则涉及辩证地使用想象和幻想，以展望一个更美好的未来（pp.154-155）。

解放与自决

今天，哲学上的后现代主义质疑着"主体"、自我意识、自我反省、思考、个人感觉等的存在。取而代之的认识是，人是社会中更大的模式和力量的产物，是一个"拥有分裂的个性和存在身份混乱可能"（Rosenau，1992，p.55）的碎片化的个体。主体概念的淡化并非一个新的思想，人们至少可以追溯到19世纪尼采的作品。在尤尔根·哈贝马斯的作品中可以找到关于被削弱的主体的描述。尤尔根·哈贝马斯从法兰克福学派对于意识的强调转向了话语背影中沟通的特征（Rasmussen，1990，pp. 24 – 26），这一点在最初的法兰克福学派的团体中可以找到。据阿格（Agger，1992，p. 233）所说，阿多诺认为主体已被社会的主流意识形态抹杀殆尽，成为"几乎无能为力的、沉默的……琐碎的和被遗忘的时刻"。马尔库塞希望能够使主体得到复兴，但鉴于当时工业社会的本质，他又对这一复兴感到悲观。如果同样的公司对工作场所的特点作出强制要求，决定了个人的闲暇时间，这一闲暇时间反映出了"在他所处的社会中专属于他的品质、态度、价值和行为"，从而"他的休闲活动或被动状态将简单地成为其社会表现的一种延伸或再创造"（2001b，p. 74）。市场社会"侵入"到"个人存在的各个方面"使得我们很难把个体想象成是可以自由选择、独立自主的主体。

批判理论中关于人类是"以社会的形式组织在一起"的观点在马克思从19世纪中叶起所写的作品中同样存在："人类从最字面的意思来理解是一种政治动物，而不仅仅是群居动物，它更是一种只有处在社会中才能使自身个体化的动物。"（Tucker，1972，p. 223）。这种社会建设的视角也体现在法兰克福理论家的作品中，例如马尔库塞（1968，pp. 77 – 79）。法兰克福学派的批判理论认识到，个体意识的具体实在性和文化特殊性——价值和观念被时间和我们生活其中的社会塑造着。但最终，正如自启蒙运动以来一直如此的那样，对社会的衡量就是观测其对生活在其中的人，以及对人类的幸福和自由感的影响，以决定其未来。

批判理论家们在描述一种乌托邦式的社会图景时往往很谨慎，这种乌托邦式的社会中不存在经济统治，不存在权利、财富和阶级的不平等。他们意识到马克思时代的由工人起义暴动而创造一个新社会的可能性早就不存在了。那取而代之的是什么呢？有一种观点认为（这种观点被一些人认为过于极端，1989，p. 203）是马尔库塞（1964）提出的"单向度"的社会，一种为追求利润而牺牲自然资源的资本主义制度，这种社会靠着对假想敌人的抵制而获得支持。这里，假想的敌人是那些可能威胁到消费文化和统治阶级利益的人（pp. 48 - 55）。这一系统通过由公司提供的毫无意义的娱乐例如"体育运动、娱乐和流行风尚"而得到巩固（Marcuse，2001b，p. 74）。同时，这个国家寻找着那些危及这种使其安逸的系统的人，并且如果有必要地话，除掉他们（Marcuse，2001c，p. 157）。

面对这些情况，我们可以理解为什么批判理论学家们放弃对社会机构和实践领域进行可以使人类获得更大自由和自主决定的激进变革的理想。第一代法兰克福学派理论学家的弟子尤尔根·哈贝马斯，已经放弃了基于经济矛盾、意识形态批判和乌托邦式设想的社会分析（Braaten，1991，p. 154）。早期的法兰克福理论学家们对于进行重大变革的可能性持悲观态度，但是他们仍然抱有希望，"有些事情可以实现，某些目标应当争取"（Always，1995，p. 127）。马尔库塞从未对未来彻底失望过。对他来说，未来将是一个不存在压迫的文明。这个文明包含了对技术的运用，使得人们大大地减少了为获得生活必需品而付出的劳动时间，从而解放了人类的创造才能（Kellner，1984，pp. 176 - 178）。社会将变得安宁，而不是充满争斗，人们将慎用自然和资源，政府在分权的背景下运行，人民作出决策，构成一种"自由社会主义"（libertarian socialism）（Kellner，1984，p. 322）。有趣的是，后一个概念与当代民主和话语理论是颇为相似的。

公共行政领域中的批判理论

人们或许会辩称,"行政中立"(administrative neutrality)是公共行政的基本神话。虽然公职人员往往对公共决策制定和政策执行产生着重大影响,但人们仍然有这样的社会期望,即公共行政人员在运用相对较小的自由裁量权的同时,是接受已经确定的政策指导并予以执行的。为了与一些经济和政治精英们的偏好一致,"新公共管理"(new public management)通过把公共实践的波及面限制在高效实施的范围内来巩固"行政中立"这一神话。与此同时,实证研究方法则主张对公共领域保持静态观。

我们可以将公共管理者参与公共政策的制定和执行的过程看作一个连续统一体。这个连续统一体的一端是不参与,这是行政中立的"理想";另一端则是完全参与,行政人员充当政策行动者,力图去影响公民、民选官员和同行的知识、意见和决定。批判理论为概念化和实践开了个头,以确认公共行政基于价值的规范性特点。那些觉察到在目前的公共实践与更少不公平和压迫的未来之间存在着矛盾的公职人员,可能会把批判理论作为他们发起社会变革的指南。

传统的"古典自由主义"(今天人们称之为"新自由主义")反对公职人员参与到政策过程之中。他们颇为怀旧地依照想象中的早期时代设想了一个非常小规模的政府——那个时代的多元政治可以保护个人不被富人和权贵压迫。即使这样一个时代确实存在过,它也早就消失很久了。像社群主义想象中团体和社区的过去一样,由"消极权利"所保护的生活艰苦的个体所组成的先锋社会(pioneer society),已经让位给拥有难以想象的财富与权势的大规模城镇的、工业的以及技术的关联性了。现在，假定了中立是可能的，也就无法理解中立本身是一种承载了价值的（value-laden）选择了。在社会变革中不能自觉地选择一个角色，就是把主动权让渡给那些拥有活力和使命感的人，由他们按照其意愿去维持或塑造社会。

研究公共行政的著作往往侧重于实践的具体领域，如预算编制、推进公民参与决策，等等。它往往不会明确地界定历史／政治／经济背景，而正是这些背景框定和限制了行动。然而，正如约翰·柯林（John Kirlin, 1996）所指出的，公共行政的社会环境的"大问题"（big question）是理论和实践的关键部分。批判理论认为，把社会环境与上文提到的三种要素联系起来理解，至少是大有裨益的。尤其是从社会的历史价值和社会文化角度来看的时候，现存环境和潜在的替代选择之间显露出来的矛盾究竟是什么？在辨证的变革过程中，从"是什么"到"可能是什么"的趋向，何种选择最适宜达到诸如解放和自决这样的价值目标呢？

在超越了描述现状的公共行政的文献类别中，大部分倡导的是温和的、渐进式的变革，而不是在制度和实践中发动剧变。这其中，存在一个隐含的假设，即目前的法律、政治和经济框架，大体上是可以接受的。这样的框架对于变革的需求受增量调整的限制，所以说，即使不是大多数人也是许多人都认为从自由资本主义社会"剃去粗糙的边缘"的修正，有些过于激进了。一个发生在 20 世纪上半叶的很好的范例是：从高高在上的政府管治姿态转变为劳动管理关系，从通过武装人员攻击抗议工人去保护资本家的利润转变到允许工人起来进行组织集体谈判。

公共行政中的改革主义著作经常敦促鼓励解放和自决的变革，尽管它仍然运行在给定的体系中。20 世纪 60 年代和 70 年代的"新公共行政"（new public administration）（不要与新公共管理混淆）建议，公职人员支持更大的"社会公平",这一目标的实现需要对社会中的财富和权力进行一定程度的重新分配。乔治·弗雷德里克森(H. George Frederickson, 1980, p. 37)在对新公共行政概念基础的论述中承认,政府是被掌权者控制的,并且存在着对那些缺乏权力和财富进行反抗的弱势群体的歧视。公共管理者应力求在某种程度上缓和这种局势,因为这种局势会引发"愤怒和好战",并且有可能导致要求公共雇员"压迫贫民"(p. 38)。这一观点的理论背景是约翰·罗尔斯(John Rawls)的"正义论",一种基于"福利国家自由主义(welfare state liberalism)"(A. Ryan, 1997, p. 296)的社会向善论的伦理途径。只需向前推进一小步,新公共行政就可以通过对矛盾的分析来建立框架。这样的矛盾存在于现有政治/经济制度与自由福利国家中消除了压迫的社会制度之间。然而,在目前的制度和实践环境中,这将是一个彻底激进的想法。即使在20世纪60年代和70年代的改革氛围中,新公共行政关于"公共雇员可以在政治/经济命令下推进变革"的假定,在涉及主流实践时也是"很酷的"(far out)。

现今,公共行政领域中使用最普遍的批判理论是哈贝马斯的交往理论。哈贝马斯写道,公共话语被不平等的权力关系扭曲了。这种不平等的权力关系是由周边自由资本主义福利国家的本性引入到话语过程中的。交往扭曲的事例,在大众传媒和社会福利问题领域中经常发生(Braaten, 1991, pp. 141 - 156)。哈贝马斯相信,协商一致、无失真沟通,将是为捍卫民主而回归启蒙理性的一大进步(Best&Kellner, 1991, pp. 240 - 241)。这些理念已经具备影响力,但人们也已经在怀疑无失真沟通作为社会整体变革的方法是否有效。此外,正如尚塔尔·墨菲(Chantal Mouffe, 2000, p. 104)所辩称的,民主并非对无失真共识的追求,相反,它是关于论争和争执的,即持续的、动态的、无法解决的"针对民主政治立场的巨大冲突"。

虽然在后来的作品中,哈贝马斯不再坚持批判理论,而是转向了改革派自由主义(Always,1995,p.126),但是,把无失真沟通作为社会变革的批判工具的想法在公共行政中仍然重要。

罗伯特·登哈特(Robert Denhardt,1981a)认为,组织理论的批判途径在公共行政领域中是有用的。登哈特回顾了批判理论的由来,从黑格尔和马克思到法兰克福学派的理论家,但是他把重点放在哈贝马斯身上。登哈特强调了哈贝马斯式的对假定的价值中立的科学和效率的关注,并且敦促大家重视公共组织的"更广阔的历史性和规范性背景"(p.633),作为对官僚主义及其与相对人之间关系的批判性检验的一部分。约翰·福雷斯特(John Forester)在刊载于《美国规划协会杂志》(*Journal of the American Planning*)上的一篇文章(1980,p.278)中,把哈贝马斯的概念应用于规划实践,确定了四种"通常被认为是理所当然"的"重实效的交往模式":全面地说、真诚地说、在语境文中合法地说、说真相。当规划者们因失真的沟通而违反了这些模式时,其结果就可能会导致社区居民"疑惑、不信任、愤怒和怀疑"(p.278)。

在从哈贝马斯到批判理论的转变中,杰伊·怀特(Jay White)和盖伊·亚当斯(Guy Adams)走得更远。他们在1994年出版的一本关于公共行政研究的著作前言中提出,人们应该更加关注批判研究的途径。虽然人们偶有提及相关范例,但是相对来说,这样做的人仍然很少。罗伯特·登哈特的书《在组织的阴影下》(1981b)通过批判方法去设想更适合于培养创造性、满足雇员的人性需要的组织。盖伊·亚当斯、普里西拉·鲍尔曼(Priscilla Bowerman)、肯尼思·多比尔(Kenneth Dolbeare)和卡米拉·斯蒂福斯(Camilla Stivers)(1990,p.227)批判了美国民主重视程序正义和对经济公正的实质性问题的疏忽。他们希望"恢复和发展社会披露机制,整合政治—经济视角；重新获取与这一社会世界观点一致的充分民主；并寻求其在实践中的实现"。理查德·博克斯（Box, 1995）借用马尔库塞、哈贝马斯、哈维·莫罗奇（Harvey Molotch）的（1976；Logan & Molotch, 1987）新马克思主义的"增长机制"（growth machine）的城市政治理论中的批判概念，并运用案例构建了一个公职人员实践的话语—促进模式；该议题在《公民治理》（Box, 1998）一书中得到了更深入的讨论。丽莎·扎内蒂和阿德里安·卡尔（Lisa Zanetti and Adrian Carr, 1997, p.208）写道，批判理论"提供了通向实质平等和民主的伦理冲动"。他们相信"批判理论将为公共行政领域提供很多借鉴"，并且其目的"是为了创建理论与实践融为一体的自我反省式的意识"。通过引用几位批判理论家、尤其是安东尼·葛兰西和其"有机知识分子"（organic intellectuals）概念，扎内蒂（1997）提供了作为有改革能力的变革动因的公共行政研究者和实践者模型。

公共行政领域和相关领域的一些文章和书籍已经使用了带有批判要素的概念，虽然这些概念并非严格基于批判理论。理查德·博克斯和谢里尔·西姆拉尔·金（Cheryl Simrell King, 2000）对这类就公共事务进行历史研究的作品加以确认，例如卡米拉·斯蒂福斯的《机关男人和社区女人：构建进步时代的公共行政》（2000a），以及戈登·伍德（Gordon Wood）的《美利坚合众国的建立：1776—1787》（1969）。

当今批判理论的必要性

由于批判理论只占据了公共行政领域的一个小角落，所以人们很容易去质疑为什么现在要对这一理论给予更多的关注。在如今发展繁荣的、全球化的自由资本主义社会，这一问题很难回答。因为批判理论关注的是社会上那些不和谐、令人担忧的方面，并致力于探询如何对这些问题加以变革，由此对现状构成威胁，因此人们可能会认为批判理论没有那么吸引人和不是特别有用。当前社会条件下的后现代主义和一维性这两个方面，或许就是导致人们对批判理论持有上述看法的原因。

现代主义思潮忽略了差异性，将某些特定的人群和实践边缘化为"其他"（other）（Agger, 2002, p.212），后现代主义则对此进行了修正。在公共行政领域中，后现代主义鼓励理论家直面他们作品中的内在假设，引导人们关注基础理论中根本概念的缺乏（Fox & Miller, 1995）。后现代主义思想中的有用特点，例如反本质主义，也很难形成逻辑一致的理论。后现代主义拒斥大规模的、整体性的社会思想（元叙事，metanarratives），拒斥对行政实践进行社会背景的复杂化描述。针对基础主义和元叙事的后现代怀疑主义，使得批判理论失去了吸引力，尤其对于那些以讽刺形式理解元叙事的人（例如20世纪早期的原初马克思主义）来说，更是如此。由此，争议的焦点就变成了批判理论在现代的晚近时期、或者说后现代世界里是否仍然可行，以及它是否能适应当前形势的问题。

随着环境的变迁，批判理论家在近几十年间对于当前社会的描述也发生着相应的变化，虽然其最核心焦点依旧是资本主义经济制度对人类社会和周围物质环境的影响。法兰克福学派的理论家根据他们对法西斯主义（fascism）、专制共产主义（authoritarian communism）和始于第一次世界大战和第二次世界大战之间的资本主义的观察延续他们的写作。随着20世纪中叶在统治体系中发动革命性变革的希望逐渐破灭，对于经济、政治和文化的批判性描述也表现出一种屈从感，一种面对强大的普遍存在的社会状况的屈从感。这种状况已经征服了一小部分理念进步跟不上时代变化的人。

在20世纪60年代和70年代,虽然存在着马尔库塞所说的"单向度"的社会特质,但是他仍然于对变革的可能性保持着期待。"单向度"这一概念严格意义上说属于被后现代主义所摒弃的整体性元叙事的范畴,它所描述的围绕着发达消费资本主义所建构的社会结构如此完备,以至于无人觉察或者去展望可能的替代结构。社会的单向度属性看起来可能自相矛盾或自我冲突,因为我们、或者至少是生活于发达西方民主国家的"我们",认为人们在思索替代方案并提倡变革时是绝对自由的。然而,对当前状况的批判性检验或许表明,马尔库塞是正确的。经济和政治系统不但压制了提供替代选择的知识,还抑制着对潜在变革进行辩证形势思考的冲动。

史蒂芬·贝斯特和道格拉斯·凯尔纳(2001,p.1)在《后现代探险》中提供了一个关于我们所处时代的有趣描述。他们把最近几十年形象地刻画为"伟大的变革",一个"以技术革命和全球资本主义重构为特点的时代的激变"。这一"全球化制造了一个以人类生活、物种多样性和环境为代价,去保护跨国公司的世界经济体系和贸易规则",并且它的影响还包括"强化劳动剥削,缩小公司规模,和制造更高水平的失业、不平等和不安定"。大卫·哈维(David Harvey,2000,p.220)描述了"科学知识和技术能力、工业产值、废物排放、新化合物的发明、城市化、人口增长、国际贸易、化石燃料消耗、资源开采、物种栖息地变迁"等数量上的转变,所带来的全球经济体系的环境后果,同时导致"大规模的环境变化……其中一些变化明显危害人类,其他的变化也对人类以外的其他物种造成了不必要的伤害"。

这不是一个有别于发达资本主义的后现代状况,它是发达资本主义的成熟的、普遍的、全球化的形式。由此产生的心理影响是,"在我们看来,我们现在所置身其中的世界正在耗尽所有的可能性"

(Agger, 2002, p. 3)。这听起来好像是马尔库塞的单向度世界的充分的表现形式。

今天的局势与产生了社会批判理论的过去几十年的局势形成了奇怪的对比。虽然相对于动荡的世界大战来说,世界是和平的,但在许多地方还存在着骚乱和暴动。"发达"国家的人民因为制度的稳定,过着安全和繁荣的生活,这可以从他们的公共部门的理论和实践中得到反映。他们因为(假定地)不必担心较早年代的紧迫的重大事件,如贫困、种族主义、以及环境退化等等,所以能够奢侈地关注公共组织的服务供给的成本—效益。对于人们来说,重要的是要考虑西方发达的民主国家实际上是否已经达到了这种发达状态,而且同样重要的是要在发达国家享受富足的时候,关心一下世界上其他国家的状况。

实用主义与空想

对于法兰克福学派的理论家来说,许多当代的学术研究是有问题的,因为这些研究对于记载了社会经济现状的现存的、给定的,以及所谓的"事实"的汇编,存在实证主义偏执。虽然科学方法在早期只是作为批判迷信和教条(Kellner, 1984, p. 113)的工具,但它后来还是发展成为拒绝超越现实地思考的"实证主义的、常识的哲学"(Marcuse, 1941, p. 113)。法兰克福学派的批判理论家们以美国实用主义哲学思想为例,说明了思想是无法超越对现状的工具性执行的。按照霍克海默所说(1947, pp. 41 – 57),实用主义拒绝用理论指导实践,结果使得没有一种目标在本质上比另一种更好,除非它能够通过实验来证明其有用。这种"将理性还原为纯粹工具"

(p.54)的做法,导致"一种教条,这种教条坚持认为:并不是因为我们的想法真实,所以我们的期望得以实现、行动得以成功;而是因为我们的期望实现了、行动成功了,我们的想法才是真实的"(p.42)。

相反,批判理论却超越眼前地提出规划,因为"在社会过程的理论重建中,评判现状和分析其趋势,必然包括着面向未来的因素"(Marcuse,1968,p.145)。在这样做的过程中,批判理论引发了想象,促进了"空想"(phantasy)(马尔库塞的拼写)的使用。然而,"由于其能力独特,能'直觉'地知道当前还未出现的事物,并能从给定的认知材料中创造出新事物,想象就意味着相对于给定材料的很大程度的独立,意味着在不自由世界中的自由"(p.154)。这并不意味着无限的、基本的、理想主义的、或毫无意义的思想,而是意味着在具体的物质情况下,在历史可能性的范围内、在人类能够做到的能力之内,寻找对于现实的替代方案的思想。正如马尔库塞所说,要搜寻"一个更美好,更幸福的世界",就要求人们"从给定材料中独立出来"。因此,批判理论不会向人们求助,并且可能被看成是"儿童和傻瓜的特权"(p.154)。

后现代主义是对于批判性理论和实践的最新威胁,它使人们难以确定社会发展趋势、抵制操控,并且展望更美好的未来。后现代思想可能会发现不公平、压制性权力和超现实的媒体和文化的假象已成为社会的必然特点,与此同时,批判理论将其描述为拥有金钱和权力的人采取行动的结果。如果人们认为他们无法控制此类事情,他们很可能倒退到一个类似启蒙运动发生以前的状况中去,一种人类面对无从知晓的力量时所产生的迷信的宿命论的社会状况。这种被动性与辩证思想、批判理性、解放/自决相对应;虽然批判理论家们认识到在现代社会条件下的社会变革所带来的挑战的严重性,但他们还是选择不"落入虚无主义的怀疑论困境中"（Kellner，1989，p. 231）。

在公共行政的学术研究中，人们可能会担心，学者们正在安于接受研究的单向度特性，也即一种"概念清洗（conceptual cleansing）"。在这种"概念清洗"中，关于在更广阔社会中公共部门作用的批判思想正在消失。虽然法兰克福学派的理论家们用实用主义来评判常识及实证主义思维，但是法兰克福学派的批判理论与当代后现代实用主义仍然同样关注在因为财富和权力的不平等而造成的虐待和压迫下的人类自由。实用主义者理查德·罗蒂的作品，可以用来说明法兰克福学派和所谓的后现代主义者在推论和强调"当前的理论难以超越给定材料"的担忧时的异同点。

罗蒂所采用的哲学、政治和社会分析的方法，引起人们的激烈争议。他因为自己所声称的简单性、事实错误和非理性主义的立场，遭到免职和奚落。尽管如此（或许也正因为这样），他仍是当时最著名的美国知识分子之一。虽然罗蒂（2001，p. 22）不喜欢"后现代"这个术语，称它"令人恼怒"，并指出它可用于"表示一种在政治上绝望的态度"（p. 20），但是他对哲学基础主义的的攻击却让他成为后现代思想的偶像。

当代批判理论家本·阿格（2002，p. 213）想要通过重建"现代性的目标"——即"满足人类需要的社会、政治和经济机构"，来应对他所论述的"启蒙运动的失败"。批判理论家道格拉斯·凯尔纳（1989，pp. 225 – 233）认为，社会主义与民主是相容的，自由资本主义社会中的纠正措施可以用于诸如消费者保护、教育、和平等领域中。虽然罗蒂觉得用不着批判资本主义社会经济制度。在他看来，资本主义不是问题，因此，"除非一些新的元叙事（metanarrative）最终取代了马克思主义，我们才将不得不用非理论的和乏味的方式将人类苦难的根源描绘成'贪婪'、'自私'和'仇恨'"（Rorty，1998a, p. 235）。

这种对语词的使用颇为有趣。马尔库塞把资本主义经济制度描述为对"苦难、残酷和镇压"的创造（Marcuse & Popper，1976, p. 101）——用词不同，但意思相近。为了避免对这些状况的来源进行顺藤摸瓜的追溯，罗蒂依赖于那些观察到的但未经解释的人类行为。说人类行为是"实测的"，是因为它贯穿人类实践；但说它是"未经解释的"，则是因为一个后现代主义者不可能把这些行为归因于文化条件或人性之类的偶然因素，更不用说归因于经济政治制度了。

罗蒂并未把启蒙哲学和启蒙的政治目的联系起来，而是把它们分开，从而使得"发现一个新的、全面的、用天性和理性取代上帝的世界观"的哲学构想被取消，同时保留了创造罗蒂所说的"人间天堂，一个没有种姓、阶级或残酷的世界"（2001，p. 19）的政治宏愿。之所以如此，并不是因为这样的政治宏愿在普遍意义上是"真"的，而是因为具有特定历史—政治文化背景的人们认为这一宏愿是有价值的。罗蒂（1999，p. 232）承认，"马克思主义者至少有一件事是对的：核心的政治问题就是贫富关系问题"。他认为，人性并非由自然赋予，而是一种社会构建（Rorty，1989，pp. 184 – 185；2000，pp. 61 – 62），现实仍然是"那些已掌握了金钱和权力的人会撒谎、欺骗和盗窃，以便确保他们及其子孙后代永远垄断金钱和权力"（Rorty，1999，p. 206）。"自然"到底必须怎样才能"永远"继续下去？如果这种行为不是人类进化过程中留于大脑的不可改变的（hard-wired）烙印，而是社会塑造的，那么人们必须采取怎样的社会变革才能导致更合乎理想的行为？

尽管批判理论家和作为左派后现代主义者的罗蒂存在差异，他们对社会的关注还是惊人地相似。罗蒂所展现的关于一个没有阶级或种姓的、人们可以在其中按照自我意愿自由地创造自我的平等的乌托邦的愿景，与马尔库塞所描绘的"现实不再由社会生存和发展的破坏性竞争来界定"的自由派的社会主义有着共同的特点（Marcuse, 1969, p. 5）。罗蒂强调，他的思想与他所称之为"马克思主义者"的整个群体的思想有着明显区别，这种区别就在于他缺乏基本的意图。然而，法兰克福学派的理论家把规范宗旨定位在特定民族和文化的具体的历史经验上，而不是定位在永恒的假设上（Horkheimer, 1972）——罗蒂的观察有些以偏概全了。

罗蒂所持的态度是公共事务不需要理论。他认为，哲学毁掉了公众讨论，公众讨论应该包括他所说的"尽可能朴实、率直、公开、易于处理的语言"（Rorty, 1996, p. 45）。然而，从公共话语中剥离思想是保持公共空间稳定的单向度性征的一种方法，这一方法否认人们有能力超出渐进改革的范围去对他们的处境加以概念化。罗蒂的公共领域中留下的是人民的集合，例如美国人，他们有共同的承诺和价值观，并在他们认为当时应该怎么做的基础上进行集体决策。不幸的是，受罗蒂（1999, p. 198）所描述的"历史条件下的社会利益"的局限，这种非反思性的决策，就像斯蒂芬·考茨（Stephen Kautz, 1996, p. 174）所说的那样，"很容易滑入丑陋和凶残的自以为已经知道了一切该知道的自鸣得意中"。罗蒂不希望这种情况发生，在他的乌托邦里，"没有人会被恐吓凌辱——既不是被奴隶主或被工厂主，也不是被丈夫所恐吓凌辱。消除巨大的社会和经济不平等将帮助人们相互尊重。人类将最终摆脱校园暗杀、抛弃幼稚的事情，并取得道义上的成熟"（Rorty, 2001, p. 23）。但是因为他想要避免在体制和实践上考虑重大变革，于是这一愿景仍将继续处于个体的和无效的状态之中。

将批判理论与后现代实用主义作简单比较，并不是打算反驳或拒绝罗蒂的整个作品。罗蒂的思想在这里是被用来作为批判理论的一个衬托，以说明描述社会状况与考虑社会变革是不同的，而且它们之间如果缺乏联系就可能会导致无所作为。人们把学术研究局限在记录既定事物上，并避免反映矛盾、可供选择的未来，以及预想的变革，强化着学术的单向度性征。在公共行政领域，这尤其可能存在问题。公共行政领域需要人们把注意力集中起来，以处理那些只有通过变革体制和惯例才能解决的议题。

结论：批判的复兴？

学术思想对于社会理论以及人类自由事业的偏离，可能反映了发达国家中的一些人在物质上的舒适环境。在世界范围内，绝大多数人在日常生活中都致力于谋生和躲避公共领域、工作场所和私人生活中的控制。公共领域、工作场所和私人生活是基于不同的阶级、性别、种族、民族特性，或基于独裁者、罪犯、虐待成性的老板，或扰民的政府官员的一时兴趣而确定的。我们所置身其中的仍然是一个物质世界。许多人的生活状况都包括了通过谈判从限制中寻求出路的基本事实，而此处的限制又大多以对物质资源的不均分配和支持它的权力体系为基础。有人声称权力和统治就像气流和波浪一样天经地义，或者声称体制结构、广泛的社会实践模式以及经济和地理位置等问题都不是有效的关注对象——这些都可以被视为是由发达国家的特权阶层和受保护阶层所表达的观点。这是一种狭隘的、非历史的观点，它无视人类最近的历史，也无视社区、国家和全球的当前状况。

鉴于社会状况和公共行政中研究与实践的性质，社会批判理论的概念框架（矛盾、辩证法和变革；批判理性和想象；解放和自决）为那些意欲设想未来更佳选择、希望评判公共组织中专业实践现状的学者们给出了承诺。许多学术文献致力于研究公共组织的行为，并提出控制它的可能方法。这虽然有用，但它不能为公共行政人员或理论家提供理念，从而在社会中起到建设性的作用。由于公职人员在制定和实施公共政策的过程有很大的影响力，所以系统地探索社会理论和研究公共行政在社会变革中的作用似乎也很重要。

今天，有些人在思考和描述批判理论在当代社会中的地位，也有些人把批判理论应用到公共行政领域。这些研究中有一部分是以法兰克福学派作者所持理念的重要部分作为基础的，也有一部分重视的是后现代主义的背景、技术进步、全球化、等等。现在是更多在公共行政领域中关注这些理念的时候了。虽然误入消极和悲观的歧途情有可原，但我们还是希望公共行政领域中的一部分学术研究和实践，能够扭转单向度性征的深化趋势、消除伴随着丧失基本确定性的价值和目标的混淆。就像本·阿格（2002，p.195）所说，"如果我们理解历史——不论多么缺乏遥及千年的终极目标——仍然能够被人类加以深思熟虑和精心设计，那么我们就不必再用'无意义'去阻挠行动了。"

第二章 矛盾、乌托邦和公共行政*

1964年,在一个提供了前所未有的生活标准的占据了支配地位的政治经济制度之中,赫伯特·马尔库塞的《单向度的人》对现状提出了挑战。马尔库塞认为,在物质充沛的生活(这种生活得到了排挤替代选择意识的工具思想的支持)和人们或许会选择的潜在生活可能之间存在着一种矛盾,如果人们拥有了解它们的自由的话。这种矛盾表现在马尔库塞在几篇文章中所讨论的四个社会实践领域:民主、"战争状态"、研究和性别。本文阐述了马尔库塞对这些实践领域的分析和他的乌托邦式的解决方案,并认为它们可能对公共行政理论和实践有所裨益。

因为缺乏内在的理论基础,所以公共行政需要从经济学、商贸、历史、哲学等学科那儿引入规则。本文符合从社会学理论家赫伯特·马尔库塞那里引进的关于矛盾的概念及相关想法的使用模式。马尔库塞对现代社会的分析是不同寻常和有先见之明的。这么说的前提是,他所作的一部分分析(考虑到其历经40年的过程,以及使之适用于今天的必要完善),以一种引人注目的方式与当前社会条件

---

* 源自《公共行政理论与实践》,第25卷·第2期(2003年6月),第243—260页。版权所有©2003年公共行政理论网络。经许可转载。

和公共行政相联系，说明了影响公共行政领域、催生有用见解的重要理论问题的一致性。其重点放在与矛盾有关的四个方面——民主、"战争状态"、研究和性别——以及马尔库塞关于社会变革的乌托邦构想。

马尔库塞批判思想的发展跨度从20世纪30年代直到70年代。他在1960年成为激进左派的一个（不是有意的）标志，他将政治抗议看作是一种希望的象征，认为它意味着拒斥占主导地位的经济秩序或许是可能的。虽然马尔库塞符合马克思主义的传统，但是他仍然对他的思想进行调整以适应新的社会状况。正如他的同属法兰克福学派的同事霍克海默和阿多诺一样，他并没有放弃社会革新的希望，也没有接受尤尔根·哈贝马斯的观念，用交往取代劳动，将其作为社会分析的核心特质（Kellner, 1984, p. 91）。尽管马尔库塞对社会状况持悲观态度，但他仍然不失为一个激进制度变革的倡导者（p. 364）。他摒弃了他认为过时的被异化劳工阶级暴动的马克思主义模式，而将现代经济技术创造的白领工作纳入他的分析。

马尔库塞基于对当前状况的观察，以及对人类从压迫性制度解放的启蒙承诺，提出关于社会的批判理论。他所关注的对人类解放的启蒙承诺，指的是要由压制性社会制度进入自由和自主的生活。正如道格拉斯·凯尔纳（1984, p. 365）所说："在他的著作中，存在着一种个体与社会相对的辩证法，其中所描述的社会因为压抑和异化人类而受到批判。"马尔库塞的早期作品和其他法兰克福学派批判理论家的论著一样，都是在面对着劳动阶级和纳粹主义严峻的现实条件下形成的。

然而，马尔库塞不断地调整他的理论工作以适应新出现的情况。在《单向度的人》于1964年出版时，马尔库塞所看到的世界是处在稳定的自由资本主义民主与专制的共产主义对峙之中的。在这一背景下，经济体制是建立在对自然资源过度开发的基础上，创造着消费品过剩的状况。这种破坏性系统，一部分是由于对外部敌人的认知和积极的国家行为而得以持续，从而造成了无休止的战争文化。资本主义成功地通过为工人提供生活必需品和过剩消费品，抑制了个人的变革欲望，从而使得人们总体上（除了一些激进的少数）对现状感到满意。在这种受到管控的"单向度"生活中，人们履行着作为经济体制的生产者的作用，而一直没有意识到对那些拥有财富和权力者加以替代的可能。如果重大的社会变化是可能的，那么对马尔库塞来说，它将会把人们引入这样的社会：人们在这样的社会中，所从事的工作是为着自我实现，而不是为谋生而执行沉闷和反复的琐碎事务，人类和环境之间的关系将会变得和谐，暴力和残暴将会大大减少。

这种尺度宽泛的分析，并不适合对宏大叙事（grand narratives）、（以目前认识论思想为特征的）反基础主义（foundationalism）以及全球资本主义的显著胜利持怀疑态度的、多少带一些唯我论色彩的当代情境。此外，在观念和信仰的层面，马尔库塞对世界的看法似乎是一个噩梦，是一种异样和奇怪的扭曲版本。而这一版本却是脱胎于在很多人看来似乎是成功和有价值的社会。当然，这正是他的观念——现代经济社会组织的成功，使得人们对替代选择的意识在对"必须如此"的给定事物的接受中逐渐消失。

在本章接下来的部分中，笔者将指出，马尔库塞的社会批判理论元素是了解现在和未来的有用的工具。矛盾要素是这一特定讨论的焦点和联系到公共行政理论的可能桥梁。虽然马尔库塞的研究可能会有些过时，但它以有趣的方式与当代作家的思想形成对照，并在其着眼深远的范围内为我们提供了对当前有关问题的新视角。

认为马尔库塞的想法在今天有用，并不是一个新观念。尤尔

根·哈贝马斯在马尔库塞诞辰100周年时表达了对他的赞美之情:

> 马尔库塞以一套力求完整的术语对经济增长的生产力与其社会后果的破坏性之间的奇特纠葛进行了概念化。更确切地说,他所用的概念对于我们是陌生的。根据他的诊断,我们面临着一个极权主义的封闭社会,因为他认为有必要引入词汇,以打开人们被遮蔽的眼睛,通过将强光照射在人们熟视无睹的现象上,使其可以看到那些根本未被觉察的事物。(Habermas, 1998; in Kellner, 2001, p. 237)

哈贝马斯发现当今的社会状况使得人们难以忽视马尔库塞的洞见,哈贝马斯写道:

> 如今看报纸的人没有一个觉察不到生产力和破坏力的纠葛:受到高效率地缘政治竞争的驱使,我们的政府已经使自己陷入一种放任的降低成本的竞赛之中,在过去十年中带来了可憎的利润和收入的巨大差距、文化基础设施的恶化、失业增加以及日益增大的贫困人口的边缘化……知识分子的处境也同样发生了变化。后现代主义已经消解了现代性的自我理解……也许我们终究需要经过革新的语言,从而使得符合功能之需的压力不会让我们忘记这一规范性的观点。(p. 238)

矛盾与遏制

对立立场之间的差别在文学、政治学、哲学等领域中得以显现。

第二章 矛盾、乌托邦和公共行政

批判理论的一个重要元素,是被人们称为矛盾的一种对比,矛盾是一种"力量、趋势的对立"(Marcuse, 1964, p. 140),在这样的对立中,人们当前所接受的现实全部或部分地遭到质疑和拒斥。而从其对立面中会产生一种新的状况或理解,并在一段时间后也受到质疑。矛盾不是对立面之间的一种静态关系,而是辩证的、内在地涉及理念或情境中的从一个视角到另一个视角的变革或运动。卡尔·马克思从黑格尔那里借鉴了矛盾思想,认为社会条件自身之中就包含了它们的对立面。在《理性与革命》中,马尔库塞(1960年, p. ix)写道,辩证思想的功能"是打破自信(self-assurance)和自满(self-contentment),以削弱对事实的力量和语言的险恶自信,从而表明在事物的中心有着如此多的不自由,使得其内部矛盾的发展必然导致质变:从事态的确定状态走向爆炸和灾难"。

在冲突理念挑战当前思想的时候,矛盾与实证主义不一样,并不呈现为单一的、既定的现实,而是表明一切都在变化的过程中。弗雷德里克·恩格斯(1877, pp. 3–5)是这样描述这一概念的:

> 的确,只要我们把事物看作是静止的和无生命的——每一个事物本身、周边及彼此之间,那么我们就不会在其中碰到任何矛盾。我们发现在事物之间存在某些部分相同、部分不同、甚至相互冲突的确定特性。但在刚才提到的事例中,这些特性分布在不同的对象中,因此其中不包含内部矛盾。在这一观察范围的限度之内,我们可以在惯常的、形而上学思维方式的基础上相安无事。但当我们在运动、变化、生活和彼此之间的相互影响中考虑事物时,情况就大有不同了。随之,我们将立即卷入到矛盾当中……
>
> 因此,生活也是一个矛盾,它存在于事物和过程本身之中,

并且不断地创造和消解自己;一旦矛盾停止,生活也就随之结束,从而走向死亡。

对明显现实形势(并非如其可能)的认识,将导致批判和寻求替代选择的思想;这是矛盾的变化过程。马尔库塞刻意与黑格尔的做法保持距离——黑格尔试图以统一的绝对权威解决所有矛盾,而是指出:认识和解决矛盾的批判理性也可用于对结果的批判。除了推动建设性的变革之外,理性"在维持不公正、辛劳和痛苦的过程中也是发挥了作用的"(Marcuse, 1941, p. xiii),因此人们必须为自己的思想和行动负责。为了思考社会条件下的矛盾、运用他们的知识采取行动,人类必须自由。于是,自由成为矛盾和社会变革的基本要素。

上文已经简要介绍了马尔库塞关于自由资本主义社会的观念概要。马尔库塞的观念开始于以马克思的方式对阶级分化问题和权力与统治问题加以关注,但他是20世纪中叶而不是19世纪的学者。他对现代政治经济的分析贯穿于他的整个职业生涯,虽然他所作的分析最为充分地体现在《单向度的人》这本书中。马尔库塞认识到,早期资本主义的受压迫的劳动者并未起来推翻政治经济制度,而且发达国家中大部分人的生活水平也大大不同于一个世纪前。当代工人被整合到生产和消费系统之中,这一系统要求他们为着生存需要,完全遵循常规履行日常而乏味的任务。存在一个"将权力由人类个体移交到技术或官僚机构的发展过程"(Marcuse, 2001b, p. 65),而且这个系统是用物质商品来回报遵守和顺从的。媒体、娱乐、教育,以及政治机构强化了这样的信息:生产和消费是有益的,随之而来的环境恶化也是可以接受的。

马尔库塞介绍了表现原则(performance principle),这对理解个人与工作场所的关系有所帮助。表现原则是对弗洛伊德现实原则（reality principle）（延迟和/或减少满足以应对外部条件）的一种改造，以适应现代的、大规模的社会。按照马尔库塞（1955，p.35）所说：

> 现实原则的背后是命运女神（Ananke）或短缺（Lebensnot）的基本事实，这意味着在没有约束、放弃或延迟的情况下，发生生存斗争是为了满足过于贫穷的世界中的人类需要。换言之，无论满意在何种程度上使得工作成为必要，都只能作或多或少有些痛苦的日程安排与获取收入的努力，以满足需要。就几乎占据了成年人全部生活的工作时期而言，愉悦是"悬置的"（suspended），而痛苦是盛行的。

然而，马尔库塞强调，现实原则的表述是由历史情境决定的，也就是说，它所采取的形式是对存在于一个特定时间点的"稀缺的特定组织"的回应（p.36）。这种稀缺的组织不是随机发生的，而是有意构建的，因为"稀缺的配置和克服它的努力一样，都是强加在个体身上的工作模式——这种'强加'起初只是使用暴力，后来便借重更为合理地利用权力"（p.36）。[例如，我们思考一下，在美国的资本主义历史上，由19世纪下半叶进入20世纪期间，人们从独立生活到受雇于工厂和其他组织的急剧变迁，其中包括了伴随着企图镇压劳工组织运动的暴力。这并不令人奇怪，因为"所有的文明都已经被有组织地统治了"（p.34）]，这"由特定的群体或个人来执行，以维持和提升其特权地位"（p.36）。

在这种情况下，由于"世界趋向于成为总体行政的填充材料——这种总体行政甚至吸纳了行政官员"（Marcuse, 1964, p.169），相应的政治和经济制度便吞噬了关于替代选择的知识。这一世界的基本特征是，社会、人民、和思想都是单向度的（Kellner, 1984, pp. 234-235）；也就是说，矛盾的知识已经变得模糊或不存在，而且作为社会变革动力的辩证法也已停止运作。正如马尔库塞在1956年一次演讲中说到的：

> 就好像某人对其心理过程加以处置的自由的空间已大大缩小；就类似个体心理而言，不再可能具备寻求发展的自身要求和决定；空间由公共、社会力量所占据。这种相对自治的自我的削减，可以从人们的僵化姿态、以及休闲活动中越来越多的被动性中亲身观察到，这种自我的削减，越来越不可避免地在坏的意义上被去私有化、集中化、普遍化，并且也同样受到控制。这一过程与对立面的社会压制、批判主义的无能、技术协作、以及集体的长期动员有着心理上的关联性。（in Kellner, 1984, p. 238）

就"在政治/经济体制内的解决阶级和权力冲突，达致自由资本主义的稳定状态"而言，马尔库塞的社会描述与弗朗西斯·福山（Franscis Fukuyama, 1992）所说的新黑格尔主义的（neo-Hegelian）"历史终结"（end of history）颇有相似之处。然而，马尔库塞并不认为作为改革力量的矛盾已被消灭；相反，通过不断调节，它使得大众无法看到它的存在。他将那些为了减少和压制分歧而控制和模糊矛盾的行动，称为遏制（containment）。对马尔库塞来说，这并非意识形态冲突的一个终结：

> 由于现今意识形态就处在生产过程本身之中，所以在特定

的意义上,发达的工业文化比其前辈更为意识形态化……它所提供的生产设备、商品和服务,"销售"或推行着整个社会制度……产品对人们进行着教导和操控;它们增强了一种错误的意识,而这并不受其谬误的影响……这是一种良好的生活方式——远胜于过去——并且作为一种良好的生活方式,它反对质变。(1964,pp.11–12)

人们可以在制度和组织之类的社会体系的层面上发现与马尔库塞关于遏制的涵盖广泛的社会理论存在相似之处。唐纳德·舍恩(Donald Schon)描述了系统的"动态保守主义"(dynamic conservatism),动态保守主义源自"那些能够看到自身利益和整个社会系统利益之间联系的个人为了私利而采取的活动方式"。即便当个人可能感觉到"改革阻力的非理性特征"时,"凌驾于个人之上的社会系统权力"也会压倒个人的思想。因为"社会系统不仅向其成员提供生计来源、面对外部威胁的保护、经济安全的承诺,而且还提供一种理论、价值观以及相关技术的框架,使个人能够理解自己的生活"(Schon,1971,p.51)。于是,当人们感觉到一种对当前制度或组织实践的威胁"不能完全被击退,或者当它来自内部而无法消除时,动态保守主义就会趋向遏制和隔离策略,接受面临威胁的变革中的活动限度,并使其受到约束"(p.49)。

马尔库塞所描述的单向度的社会,并不是人类发展的进步过程的必然结果,而是一种通过(那些将在这一社会的解体中所失最多的人们的)大量努力得以维持的社会状况。它受到阻止人们认识社会的单向度性及其可能替代选择的社会实践的支持,从而遏制着潜在的社会变革。下面将讨论实践的四个方面。

民 主

支持遏制的社会实践的第一个方面,是资本主义社会中的民主特性。民主特性作为一种概念,早已备受关注——特别是在直接公民自决与代议制统治之间的紧张关系中。正如卢梭在 1762 年所说,"爱国精神的减少、私有利益的活跃、国家的巨大、政府的弊端导致在国家议会中发明了使用代理或人民代表……国家主权不能被代表……英国人认为民主是自由的。这是极大的自我蒙骗;民主仅在议员竞选时是自由的。一旦他们获选,民主便成为奴隶,就什么都不是了"(1978,p. 102)。

直接民主和代议制民主之间的对立,在殖民地时代美国人希望减少社会中的身份地位和财富差距的意愿,以及反联邦主义者和联邦主义者之间关于政府结构的辩论中得到了反映(Wood,1969)。人们也可以在进步时代(Progressive era)的社区中心运动(Mattson,1998)和当前公共行政中对政治和行政之间关系的思考中发现直接民主与代议制民主的对立。

在批判社会理论和资本主义社会单向度性的情境中,马尔库塞将直接的公民参与治理视为真正的民主。他把民主的当前形式称为虚假民主(sham-democracy),在这种民主中,"整体的、保守的多数……表达其观点,在给定的备选方案中作出选择,并在支配人民生死的决定由凌驾于公众的……控制之上的统治集团做出的时候,制订政策"(Marcuse,1972,p. 54)。

福克斯和米勒(Fox and Miller,1995,p. 5)将他们精心构建的民主程序模型,称为"代议制民主责任反馈环"(representative democratic accountability feedback loop），这也是公共行政学术领域中与马尔库塞的民主观念有着共同之处的几种理论之一。虽然福克斯和米勒语言使用和关于社会的根本假设，与马尔库塞有着很大的不同，但是他们也将"环状民主"（loop democracy）看作是不民主的，认为这一治理形式"始于被集聚为公众意愿、由立法机构编成法典、被官僚机构贯彻执行、受细心的选民依次评价的个人偏好——缺乏可信度。"对于这种可信度的缺乏，他们给出了几个原因（pp.16 - 17），其中包括："人们的愿望和需要总体上是受媒体操控的"，而媒体是通过广告商创造的令人兴奋的轰动效应而获取回报的；在竞选中，外表的价值超过内在实质；公共政策的制定，一部分要归功于说客和政治捐助，以及公民大体上对公共事务漫不经心。一个人只需要运用单向度社会的概念框架，就能发现其与虚假民主的相似点。

公共事务的文献中，对"协商民主"（deliberative democracy）的提倡，希望改善大规模代议制机制的反民主力量的影响（Bohman, 1996；Yankelovich, 1991；Young, 2000）。人们建议将很多种公民参与技术用于推进公众对政策过程的介入并施加影响——因为官僚化和/或精英控制，政策过程已经远离公众视野了（Box, 1998；King & Stivers, 1998）。公共行政话语的理论家们，运用批判理论、实证主义、精神分析理论、制度和组织分析以及其他方法，设法使公共治理变得更加民主，更少冷漠和疏离（Box, 2002；Farmer, 1995；Fox & Miller, 1995；King, 2000；Mcsuite, 1997）。

人们对市民和公职人员之间的对话，可能改进得太少、太迟了，而且这是一种零碎的和脆弱的改善形式。由于还涉及公民脱离公共事务的难题，以及公共行政人员在单向度社会中必须秉持何种目的的问题，所以虚假民主比代议制结构的问题要复杂得多。如果公共行政人员陷入变革的潜在可能和权力与组织权威的系统关系之间，如果他们必须对创造、维持并受益于主导经济秩序的那些人承担最终责任，那么一种可行的行动选择就是，尽可能避免通过不必要的强制制造危害。就像大卫·约翰·法默（David John Farmer，1995，1998）所说，这是"反行政"（antiadministration）的一部分。反行政不需要排斥对话和建设性的变革，而是会对行政国家施加于"私人生活"上的影响表现出一种敏感性（Box，2001）。

马尔库塞所描述的民主的显著特征，完全不同于公众所普遍接受的印象，这个印象是由消除了矛盾和不公平的简单理念所组成的。这一印象使发生在竞争的意识形态和阶级之间复杂历史斗争故事褪化为一幅支持现状的、由胜利者绘制的静态画面。这是一幅色调统一的画面，英勇的、明智的、受公众尊敬的男人在其中创造了现行制度——民主结构和实践的理想模式。

在公共行政学领域中，这一简单化的、理想化的图景在学生那里得到了体现。他们缺乏对历史的发展、公民资格的模型、妇女和少数群体的角色、改革运动，以及这一背景对于公共事务中日常挑战的适用性的认识。其结果是，可能成为公共部门领导人的公民和学生对这种需要一无所知，更谈不上了解建设性的社会变革的可能性。公共行政学者处于一种独特的地位，他们必须超越既定范围，拓展公民和学生的知识，鼓励对社会中的实践工作者的角色进行批判性思考在（Box & King，2000）。马尔库塞对民主有关的大量公共事务文献所作的独特贡献，是他所提炼的单向度社会的特质，包括民主的理念与实践和由辩证思想强调的变革潜力之间的冲突。

第二章 矛盾、乌托邦和公共行政

战争国家

对社会变革加以遏制的第二个方面，是对外部敌人的确定和对持续战争状态的维持。在第二次世界大战之后，这一现象在社会学家赖特·米尔斯（C. Wright Mills）之类的著作家那里得到描述，他们称之为"永久战争经济"（the permanent war economy）（Mattson, 2002, p. 61; Mills, 1958, p. 10）。按照马尔库塞所说，对持续战争状态的维持，所起的作用是从社会的实际情况中分离出来，产生一种团结感，并且强化经济（Kellner, 1984, p. 253），结果是，"当受到公共和私人权威的巧妙驱动的人民为总动员的生活作准备时，他们都是明智的。这不仅是因为目前的'敌人'，而且也因为在工业和娱乐业的投资和就业的可能性"（Marcuse, 1964, p. 52）。在这种背景下，"社会作为一个整体变成了一个防卫社会"（p. 51），"这一社会在全球范围内发动战争或准备发动战争"（Marcuse, 2001b, p. 65）。在越南战争的高潮时期，马尔库塞将"战争状态的政府"描述为"由大公司（和大量劳动）的代表组成的政府，这一政府不能（或不愿）去制止通货膨胀和消除失业，它削减福利和教育、充斥着腐败，它得到现已沦为一部应声机器（在受到一些不太严重的批评之后）的国会的支撑"。公民开始相信战争国家的逻辑，即必须从肉体上强迫别人按我们的愿望去行动。因此，"他们选举的是谋求侵略的总统和副总统，并且他们的代表逐年增加着破坏预算"（p. 168）。

在越南战争初期和在苏联解体前20多年，马尔库塞认识到，共产主义和资本主义国家已经达成了一种不稳定的相处状态。在他看来，敌人已经成为民族解放的局部战争，这不是因为他们威胁着资

本主义国家获得资源和廉价劳动力的渠道,而是因为他们宣称:

> 主仆、上下层间的既定层级关系有被颠覆的危险,这种层级创造和维持着资本主义和社会主义的富有国家(have-nations)。存在着一种非常原始、非常强大的颠覆的危险——它是一场奴隶起义而不是一场革命,并且正是基于这个原因,它对有能力遏制或挫败革命的社会更具威胁。因为奴隶到处都有并且多得数不清,而且除了他们的锁链,他们确实没有什么可失去的。(Marcuse, 2001b, pp. 66 – 67)

自从马尔库塞写下上面的论述以来,世界已经改变了,而且共产主义不再是一个严重的威胁。然而,这只会使他的话在今天看来更为有力——当这种情境在2002年末被书写出来时,对读者而言,再也不需要借助一份对世界状况的回顾来把握二者之间不可思议的相似之处了。从上文中重述一句哈贝马斯的话:"如今看报纸的人没有一个觉察不到生产力和破坏力的纠葛。"许多美国人还记得布什总统紧随2001年9月11日恐怖袭击事件之后向美国人发表的演讲。正当他的政府做好准备以"烟熏"的方式把邪恶的家伙们从其洞穴中驱赶出来,并捉住他们("无论生死")时,美国人又被敦促着外出购物,尽可能地消费,以帮助保持经济健康运行。(我们有些人是伴随着牛仔广播和电视节目和电影长大的,但是——我略感宽慰地注意到——我们中的大部分并没有把那种语言带入我们的成年生活。)

最近,美国政府通过了一项针对那些可能庇护恐怖分子或建立"大规模杀伤性武器"的国家的先发制人的军事打击政策,布什总统(他缺乏技能或愿望——或二者兼无——去掩饰经济动机)宣布,因为美国经济受到了威胁,所以美国这样做是合理的。这些观念似乎是为了营造一种国家统一的意识,马尔库塞(2001c,p.157)预见到了这种意识,正如他所写的那样,"领袖们仍然在运送货物(以及定期地运送威胁到那些货物运送的敌军主力)"。

战争国家似乎已经有一点从公共行政的教学与实践中脱离了,因为我们很少能直接影响到这一层面上的事件。然而,那些能够造成影响的人所服务的公共行政的学生和市民们,却可以被看作是使战争国家永存的自我欺骗的文化叙事的载体(Betsworth,1990)。许多美国人都在一定程度上接受了持久防御体系建设和介入别国事务的逻辑。美国介入别国事务,无须了解许多(如果有的话)和这一状况相冲突的该国的历史因素。这不是一个国家是否应该在发生危机时自我防卫的问题,而是一个关乎"人们如何与世界相联系以及他们置身何处"的问题。有人或许会坚决认为,一种福音式的、国际行为的干预主义模式〔这一模式预设了一种按其自己的想象来塑造别的国家和民众的责任(Betsworth,1990,p.5),已经深深渗入到国际事务和相关态度之中了〕。

那种认为暴力和强制是为着塑造别人的思想和行动的合适方法的观点,是不能听之任之的。媒体评论者当前正在提出关于美国在世界中地位的问题。对于促进和支持讨论中的行动的社会性质而言,这是有用的,但马尔库塞的作品超越了对当前事件的思考。马尔库塞相信这一社会是建立在对目前的劳动、经济、环境恶化、能源和国际统治模式的替代选择的单向度的压制的基础之上的。

研 究

支持遏制改革的社会实践的第三个方面是门类多样的学术研究。

马尔库塞的观点是建立在黑格尔的矛盾和辩证法的基础上的,后者使得思想家能够超越感官经验的既定知识,使其依从认识到其否定因素、探究变革可能的批判理性。为了遏制和消除这种批评,常识和实证主义"劝导人们产生对事实满意的思想,抛弃任何超出事实的犯罪行为,并顺应事物的既定状态"(Marcuse,1941,p.27)。由于许多公民和民选官员更希望公职人员将他们的思想和行动限制在既定的、现有的、被接受的范围内,所以我们可以讨论,对于公共行政的实践而言,这意味着什么。这是价值—事实、政治—行政的划分。虽然有些学者断言这种划分已经过时很久,但它在公众的价值建设和预期中仍然存在并且运行良好。因此,对于一名实践工作者来说,在个人职业安全的考虑下,压制批判性思维可能是明智的——即使有人倾向于对"是什么"作批判性审查,打算对"可能是什么"加以想象,也是同样的道理。

有人也许会认为,那些所从事的职业主要是致力于探寻知识而不是运用知识的人们将会觉得,要不是有责任对明显的、既定的事物加以批判性审查,那么至少也会对"这种审查可能会导致什么"感到好奇。然而,研究人类事务的"科学"概念"控制着知识领域中可能还不是事实的一切"(p.113),而且学者们在压力下遵守调查的规范——这些规范排除理性的、意识形态的思索,从而使同僚确信他们是调查共同体中的合法成员。结果是"人类目标和现有进程之间差异"(Horkheimer,1947,p.53)受到压制、忽略,被"已经充分施行于社会进程"的工具理性形式所取代,"它的运行价值、它在人与自然的统治中的角色,已被视为唯一准则"(p.21)。

马尔库塞把旨在将单向度的知识具体化的研究应用称为"全面管理研究"(research of total administration)。很少有人会否认在社会科学中需要描述、测量和量化。问题不是它们是否被需要,而是与其相伴的认识论范式（epistemological paradigm）是否将从规范上更倾向于对其他观点加以排斥，这是一个关于学术研究意图的问题。当意图是"治疗性的"（therapeutic），旨在"探索和改善现有社会状况的服务"中，将研究对象独立于周围的社会特性之外，那么，"如果既定的社会形式是、而且仍然是理论和实践的最终参考框架，那么这样一种社会学和心理学并不存在任何问题。拥有良好而不是恶劣的劳动—管理关系，具备愉快的而不是糟糕的工作条件，在客户愿望与商业和政治需要之间达到和谐而不是造成冲突，是更合乎人性和更为有益的"（Marcuse，1964，p. 107）。

对于社会科学、尤其是对公共行政之类的应用领域中的学者来说，为经济系统提供有价值的研究的期望是分量颇重的。人们可以通过研究同行评价的过程和聘用、晋升以及薪酬增长的标准，用实际的和直接的方式，对这种期望加以强化。这一期望充当了一种执行的载体，体现着时下流行的对教育的社会态度——教育"日益有用：它以可以拥有和可以从事的工作为取向，它是面对既定事物的有偿服务"（Marcuse，2001d，p. 169）。

今天，公共行政中的实践和研究似乎尽可能以经济效率和定量为导向，而对其他价值（如公共服务职责、促进民主话语、社会公平等）加以排斥。经济全球化和标准化的广阔社会背景，在一定程度上是马尔库塞所无法预见的，虽然他几乎也不会感到惊讶。在这种情况下，那些不符合自由资本主义单向度的认识论的学术论著，就很可能被包围、受攻击，并且在得以传播之前就被遏制了。最初的攻击理由常常是，这种论著不是"实证的"（这里所说的实证指的是，削减语词的丰富含义，以适合单向度的研究观念），可以由"统计惯例的精巧作坊"（the fine little mill of The Statistical Ritual）（Mills，1959，p. 72）加以例证的。

将要受到遏制的现实是，研究人员观察到的现象将落实到更为广阔的历史背景和社会环境中。这样的历史背景和社会环境要么是不断变革的，要么经过批判性审思，在其中有变革的潜力。这一背景及其变革潜力，可能会影响观察到的现象、并反过来被后者影响。给更为广阔的研究背景贴上"不相关"或"不适用"的标签，是对"什么是实证"的一种误解，可能会潜在地导致有缺陷的、不充分的知识，造成"错误的具体化"（Marcuse，1964，pp. 106 - 107）。

性　别

本章所要讨论的社会实践的第四个、也是最后一个方面，包含了男性特征在社会中的的主导地位。按照凯尔纳（1984，pp. 340 - 341）所说，马尔库塞将"创造性接受能力"中的"侵略、竞争和压制"，视为"占主导地位的男性价值观和资本主义表现原则"的特征。这些特征促使人们进行重复的、自我毁灭的劳动。马尔库塞相信，发达资本主义的技术被用来增加多种消费品的浪费生产，而不是让人们有时间和自由去选择符合其利益和自我发展的工作。为了建立和保持积极的、有竞争力的生产效率，人们对资源和社会机构进行动员，使这一目标深深渗透到政府和政治之中，从而使得"科技理性就像政治理性那样运作"（Marcuse，2001a，p. 47）。相对于早期的历史，现代社会已经"在整合与调和对立的群体和利益方面取得成功：两党的政策、国家目的的接受、企业和劳工的合作，证明了这一成就"。虽然偶尔也会有冲突，但整体来说：

> 发达工业文明的成就之一就是非暴力的、民主的自由衰落

——高效、平稳、合理的不自由，似乎在技术进步自身之中就有其根源。如果不是存在着痛苦的执行、在更有效率和更有创意的公司中私营企业的集中、在经济主体资源配置不公中的自由竞争规则，以及特权的削减和阻碍着组织资源国际的国家主权，那么根本没有什么比在社会必要的机械化和标准化中的对个人自主权的抑制更为合理。(Marcuse, 2001, p. 37)

插入一小段简短的历史回顾，特别是在19世纪早期托克维尔(Alexis de Tocqueville)对美国的评论，可能是很有趣的。这与20世纪晚期马尔库塞对经济和政治相互交织的分析有惊人的相似。正如他对未来所预想的那样，托克维尔（1969, p. 692）想知道美国是否可能不会发展到如此地步：

> 政府在将每一个公民依次纳入它强有力的掌握并按照它的意愿对公民加以塑造之后，随之将其所涉范围扩大，以致囊括整个社会。政府以一种有着细微、复杂规则的网络覆盖着社会生活的全部，这些规则既准确又一致。通过这些规则，即使是那些有最伟大创意和最具有活力的男人都不能强令群众接受其领导。它并没有打击男性的意志，而是软化、弯曲并引导它；它很少命令，但是经常阻止行动；它没有摧毁任何东西，但是防止更多的诞生；它并不专制，但是它阻碍、约束、削弱、压制并且使之徒劳无功，使得每一个国家最终都只不过是拥有它所引领的政府的一群胆小鬼和勤劳的动物。

在现代妇女解放运动的开始时期，马尔库塞（2001d, p. 182）在其论著中认为，"对男性主导的父权社会的价值和目标的否定，同时也是对资本主义价值和目标的否定——这表现在个人生理、本能的层面上"。马尔库塞提到,他已经因为接受女性的男性主义观点而受到批评,这种观点认为,女性具有"其实是由社会决定的"诸如温和、柔弱之类的个性特点。但是,马尔库塞宁愿避免就"人的特定属性是否由自然或社会所决定"展开争论。创造性的被动接受和温婉柔弱可能一早就已经因为资本主义的历史性发展,以及妇女从工作场所的脱离(尽管这种脱离至少可以追溯到古希腊时代;参见 Elshtain,1981)而被强加到女性身上了。

然而,对于马尔库塞(2001d,p. 182)来说,就这些特征而论的要点是:"人们可以将它们付诸政治、社会的用途。……其目标是释放那些属于一个没有性别和其他剥削的更美好社会的品质(男性和女性)——不论这些品质是取决于生理的还是取决于社会的。"这样的潜在可能是"关于和平、喜悦、结束暴力的承诺"(Marcuse,1972,p. 77)。处于男权制资本主义社会和"女性形象"之间的辩证过程可能会导致一种"仍可能成为父权制社会的掘墓者之一的反作用力"(p. 78)。

为了克服对马尔库塞所着重描述的男性价值观的主要依赖,从而达到一种女性和男性价值观更为平衡的混合状态,公共行政所要作的变革可能是意义重大的。人们可以在许多领域中对实践加以影响,这些领域包括组织的结构和管理、政治立场和私人部门,以及公民的话语过程等。学者们将在更广泛的人文环境下选择教授技术的、工具性的技巧,为学生们的工作打下更为丰富、更为复杂的概念基础。他们可能还会批判性地审思他们的研究,以了解其为之服务的社会价值和利益。

拒绝与乌托邦

本次讨论的重点，只涉及马尔库塞思想中可能与公共管理理论相关的几个方面。它以 20 世纪 40 年代激进左派思想的出人意料的方式，经过 20 世纪 70 年代，与令人陶醉的材料相联系，从而解释了当前的境况，并提出了解决方案。它可能很难被人们听到，这一部分是因为它要求当代环境与元叙事和广泛的社会理论相背离，一部分是因为马尔库塞或许是正确的：由于单向度的思想已经成为规范，我们正日益堵塞着通往可替代选择的道路。

马尔库塞高兴地看到了 20 世纪 60 年代和 70 年代学生和知识分子中的社会抵抗力。虽然他认为这并不足以引起太大的变革，但他希望着眼长远地建设一些更有意义的事情。由于当前社会的性质，他认为变革将不得不以中断现实的方式（Marcuse，1970，p. 76），作为一种"规定的否定"发生。人们可以用来表达他们对目前条件不满的一种方式是大拒绝（Great Refusal），在这种方式中，人们拒绝参加现代社会所提供和要求的很多事物。这不是一种对集体社会运动的号召，而是在一种"受到抚慰的生存方式"的旨趣中将个人从社会中撤出，与这一过程相伴的是人的品质，现在，人的特性：

> 看来是自私的和不爱国的——人类的特性，如对所有的强硬、集结和残暴的拒绝；对多数人的暴政的违抗；对恐惧和软弱的表达（对这个社会的最合乎理性的反应！）；一种由正在经受罪行折磨的敏感智能；对抗议和拒绝的无效和嘲讽的行为所作的承诺。人类的这些表达，也将受到不可避免的妥协的损

害——这些妥协基于隐蔽自己、从而能够欺骗骗子、以及置之不理的生活和思考的需要。(Marcuse, 1964, pp. 242-243)

这不是一个给人以希望的设想。但是,鉴于马尔库塞对社会状况的分析,有组织的、集体的变革似乎很遥远,并且个人的背弃好像也依然存在。在其他时候,马尔库塞(1969, p.89)本可以表现得更乐观,设想着由"带有高度的自治性、流动性、灵活性的广泛散布的小群体"所实施的自发行动。这些小群体将走向乌托邦式的愿景。"在这样的愿景中,资本主义进程中那些茫然的、无力的、冒充自动的工作将被取消"(p.21),并且其成员将对"平静和喧哗、温柔和野蛮、智慧和愚蠢、欢乐和嬉戏之间的不同"表现出敏感,而且这种敏感还会将这一差异与自由和奴役之间的区别联系起来(p.91)。马尔库塞(in Kellner, 1984, p.322)将这些变革努力的乌托邦式的最终产品,称为自由社会主义(libertarian socialism),以区别于二十世纪集权社会主义(statist socialism),并且用来强调人类的自由。分权话语的理念和走向乌托邦式未来的行动,在公共行政的历史和实践中有着相似之处。例如,这些相似之处体现在进步时代、20世纪60年代和70年代"新公共管理",以及公共话语和公民自治现有模式的各个方面。

虽然马尔库塞的语言或许使他的观念看起来远离公共行政领域的实践和理论,但是公共行政领域中的文献却往往与马尔库塞的论述颇为相似。虽然二者关于社会的知识和特性的基本假设可能不同,但有时达成的结论却是一致的。民主的实践形式、政府中公民的立场、政府行动的目的、男性和女性行政价值之间的对照、学术研究的性质、以及对社会状况的替代性反应,都以某种形式在公共行政领域中得以表现出来。就像生活的其余场景,公共行政被矛盾、被实践（理论的运用）所包围。这里的实践与我们所要相信的不同，它们体现着政府的意图（被信奉的理论）。影响理论和实践的一个首要矛盾，存在于公共服务/公共利益和作为市场利益之反映的政府之间。

    如果有时置身于零碎的和不确定的方法中，公共行政学者和实践工作者们或许能够认识到，在他们所处专业环境中的矛盾和可以获取的可供替代选择的行动。为了对矛盾加以否认或忽视，人们以拒绝的态度避开社会条件，或者为着有意义的社会变革而工作，取决于时间、环境、以及个人的喜好。哪怕没有别的贡献，马尔库塞的思想至少邀请我们对我们的社会、政治、经济和物质环境以及我们与它们的关系进行了评价。

第三章 "真"实在别处：批判的历史[*]

本文从解构"现在"在传统的历史解释或分析中是如何被定义的这一基本问题开始。我们的论点是，一个人若要"重写"现在，就必须批判地对历史"数据"背后的假设和方法作出考察，以确定什么东西可能被忽略了，即谁的故事被隐蔽了。理论家从何时开始，仅仅依靠过去事件中的"伟大的故事"或"伟人"去揭示支持统治政体、霸权和权力结构的历史元叙事的。接着，我们举出与公共行政学相关的例子，分析了如何运用理论的研究方法。

直到狮子拥有研究它们的历史学家，狩猎的故事才会使狩猎者获得赞美。

——古老的非洲谚语

……我们是为了生活和行动才需要它［历史］，而不是将它作为逃避生活和行动的权宜之计，或是仅仅为了掩盖自私的生活和怯懦可鄙的行为。

---

* 与谢里尔·西姆拉尔·金（Cheryl Simrell King）合著，载于《公共行政理论与实践》，2000年第4期（12月），卷22，第751—771页。版权属于公共行政理论网络，获准转载。

第三章 "真"实在别处：批判的历史

> 能够生活、并忘记生活和不公正一直就是同一回事，这需要巨大的力量。
> ——F. W. 尼采，《历史的用途与滥用》，1873 年

我们从解构"现在"在传统的历史解释或分析中是如何被定义的这一基本问题开始。在这一过程中，按照传统的定义，关于历史的认识论和本体论假设就必须被考证分析。与其他社会科学学科一样，在过去30年里，历史学科经历了一场根本性的变革——在我们视为公共行政的进步年代中所严格遵循的实证主义与社会科学方法，已经受到了质询和揭露。讽刺的是，在历史研究方法及其所包含的本体论假设遭到怀疑的同时，历史编纂学（historicization）却被当作一种"新兴"的社会研究方法（包括公共行政学）受到人们的接纳。正如贝克霍弗（Berkhofer, 1995, p.i）所评述的那样："后结构主义与后现代主义理论表示了这样的怀疑：在这样的历史编纂学成为文学研究与社会科学基础方法的同时，是否存在著述历史的可能性。由此引发了一个矛盾：一些学者认为在被用作描绘过去的一种整体方法时，历史编纂学是至关重要的；另一些学者则对此提出了质疑。"这一矛盾挑战着研究历史的学者，而且应当挑战任何一位利用史料作为写作方法的学者，尤其是那些声称用历史"重写"现在的人。

我们的论点是，一个人若要"重写"现在，就必须保持批判性。我们在下列两个方面运用批判（critical）这一术语：

1. 批判地分析那些依赖历史"数据"所得出的假设和方法，从而确认什么东西可能被忽略了。即：谁的故事陷入了隐蔽；在什么时候理论家仅仅依靠过去"伟大的故事"或"伟人"的故事。当我们从更高的层次看待这些伟大故事的时候，我们发现了什么？当历

史学家或其他社会科学家采用历史方法作为分析工具,揭示出"日常生活"和平常人的历史,并以此代替"在很大程度上排斥'日常生活'的历史编纂"的传统的时候,我们又发现了什么?(Ludtke,1995,p.1)

2. 揭露用以支持统治政权、霸权和权力结构的历史元叙事。一旦这一意图获得认可,那么传统历史解释的批判性与批判理论之间的距离便不远了,尤其当批判理论作为一种历史的/理论的结构时。

在本文的第一部分,我们阐释了传统历史分析的结构。在第二部分,我们探讨了在公共行政学中与历史研究有关的批判理论的几个方面。接着,在明确驳斥理论边界上的意识形态与认识论规则的同时,我们吸收了学者们对批判理论、后现代理论和实用主义理论的描述,以提出我们的论点:阅读和写作批判的历史对公共行政学是十分重要的。

解构历史

历史学科受到过去几十年认识论革命的影响,这一革命使社会科学学科的基本价值成为问题。与其他学科相似,历史学也被指责为承受了过多的"科学"之累。与其他社会科学一样,在传统的历史分析中,一个人只要运用了"严格的方法"和"论辩的陈述"等既定标准,他就会被看作是正在进行好的、客观的历史分析。通常包括了"宏观轮廓"(large scale contours)和"重要模式"(big patterns)(Ludtke,1995,p.10)的传统历史分析,是用以研究宏大理论(macrotheory)和宏大概念(macroconcepts)的。同样地,像其他基础社会科学理论一样,历史分析倾向于成为普遍化的宏大理论。

第三章 "真"实在别处：批判的历史

近年来的语言学、解释学和修辞学上的智识"转向"使理论家们意识到语言、解释和意义之于人类理解的重要性，以及由此而致的对于理解人类的重要性。因此，在方法论的立场上看，我们无法客观地将"资料"或"历史文本"与它们的语言学、解释学和修辞学情境分离开来。社会科学中的方法论与知识并不是普遍的和永恒的。它们是在社会与文化的基础上构建而成的，因此，它们是历史特殊性多于历史普遍性。于是，历史或许比其他学科更容易受到智识批判的影响，因为它表明了依据过去著述现在的明确意图。如果不将过去的历史溶入它的语言、解释和修辞的背景中，那么，依据过去著述现在就是在很大程度上对过去/现在的重大扭曲。

这些扭曲以多种方式出现在历史中，它们也多以同样的方式出现在其他社会科学中。其中，为读者所熟知的一个曲解历史（history）的问题是：谁的"故事"被说成了"他的—故事"（his-story）？为了使历史成为一门价值中立的科学，多年来历史学科表现出对工作本质"分性别""分阶级"和"分种族"的否认。尽管历史学家们的个人生活很可能受到性别、种族和阶级的很大影响，但是在表面上，他们的方法论允许他们达到"越来越接近人性可能达到的无关性别［无关种族和无关阶级］的历史真相"（Smith, 1998, p. 1）。按照这一信条，只有"劣质的"（非写实的）历史才会对过去抱有性别、种族和阶级的反对公认史实的观点。理性转向所导致的历史专业变革演化为该领域的一种思想，但这种演化仅限于局部。正像史密斯（pp. 1-2）所解释的那样：

> 从20世纪70年代早期开始发生的历史专业变革是以这些信念为基础的。女性历史学家与有色人种历史学家在经过科学方法的培训后，假定他们的学识最终将在总体上适合历史领域。

他们的发现拓展了研究视野,使得过去的学术研究最终成为真实……历史专业的合理性与公正性最终会承认女性历史的发现和女性历史学家的成就,肯定她们在学术上的巨大影响和尊严。当一名杰出的社会历史学家宣布,关于女性的历史学研究已经足够多,并且该停止时,其中所包含的信念就是:不带偏见的历史主张可能会因过多的此种信息而受损。据说,有关女性与黑人的历史会使这一领域蒙上政治色彩。不然,这些学科的子学科可能会通过在专业标准之外施加重要影响,从而破坏真实历史的真正价值。

一旦对历史的扭曲被揭露,就无从保证新知识会被视为合理的和可用的知识而被接受。这有一部分源于我们感觉中的另一重大扭曲,即我们总认为"现在"是依赖过去的——历史是怎样担当元叙事结构或元叙事力量这一角色的。历史为一种文化或一个社会中已被承认的价值提供了重要的承载物。同样地,历史也具有传播一种文化或一个社会的神话与结构的功能。尽管历史认定自己专注于材料的"真实",但行为却大多不是由史料或"真实"条件所塑造,而更多地是由对我们所处情境的想象而定——通过我们的感知而不是通过所谓的"真实"。只有当一个女人感到她自己是贫穷的时候,她才是真正的贫穷,不管她是否符合根据测算所得的"实际收入"而定的某些有关"贫穷"的分析类别。我们的感觉、社会关系以及两者的历史变迁,发生在构成我们的边界、限制和确定了可能的违反条件的价值体系之内。依照达比(Duby,1985,p.154)的看法,这些价值系统倾向于具有以下特征:

1. 它们具有全球化的功能——它们声称要提供一种对社会的全

面陈述，包括它的过去、现在和将来。于是，这些陈述构成了我们对社会和个体的看法。

2. 另外，它们具有扭曲的作用。为了某些特殊利益，它们通过强调一些事物，去遮掩其他事物，透明与暗箱并存。

3. 多种体系同时存在，并且相互竞争。

4. 价值系统稳固了两类体系——一类是保卫统治阶级特权的体系，另一类是既颠覆又反映统治阶级体系的反向的（阴影）体系——两种体系相互依存，一方不能离开另一方而存在。结果是，价值系统趋于保守——趋于维持现状。

5. 这些价值系统是空想的——在拥有历史的文化中，所有意识形态体系都建立在对那些历史的看法基础上——一个设计好的未来是建立在对过去的回忆、客观化或者幻想的基础之上的。置身其中的社会将是更接近完美的。

　　价值系统的全球性、变形性、竞争性、稳固性和空想成分的结果，连同历史体系都专注于要述说"伟大的故事"或"伟人"的故事，它们歪曲了事实，或者没有说出属于日常生活和凡人的故事。传统的历史价值体系这样做，有一部分是为了确保统治秩序的稳定。那些对动摇历史体系感兴趣的人，集中批判了以上五种价值体系的功能，试图揭示历史和历史系统是如何继续使保持现行体制"有效"运作和免遭批评的这一神话是长盛不衰的。

　　西方历史学者相信，历史是向我们反映"真实"的一面镜子。回首过去，这面镜子向我们精确地反映了发生在过去的事件。我们如何看待自己，取决于那面镜子里的投射给我们的影像——我们是谁，我们怎样生活，我们看重什么，我们怎样治理——所有的这些，都是靠投射给我们的东西组合而成。如果那些影像与我们自身的感受相一致的话，我们便不敢怀疑那些影像的真实性（或质疑它们的"客观性"），尤其当我们身属强势群体（dominant group）时，更是如此。当那面镜子所反映的东西以威胁着主导意识形态的方式存在时，人们便会拒绝照镜子。

例如，一位熟人最近谈到在1999年世贸组织会议（World Trade Organization meeting）中"西雅图发烧友（Crazies in Seattle）无故制造混乱"。在其他消息当中，当此事被记述成：他们在制造关于环境全球化的影响和将美国生活方式传播到多人口国家的潜在未来影响的"混乱"时，他非常同意这些论点确有问题。美国的媒体和主导价值体系的建立，是要为可供选择的生活想象制造轻微的"麻烦"，却同时遮蔽了重要的消息。要揭露重要消息（我们不能全部以无止境的放任，进行持续地开发和消耗），就要进入对消费经济的根本基础的质疑。我们将以某些方式停止"表现"的威胁必须仍被遮蔽于阴影之内，因为这些方式需要被用来保持系统的繁盛不衰。如果我们依照提供给我们的版本那样活动，我们就将以肯定权威消息（这些人是疯狂的）、而不是以拒绝接受被包装成常识的东西（全球化是好的——它为所有人创造了更多的机会）的方式回应了我们的熟人。确实，成为一名"体制捍卫者"（system-affirmer）比成为一名"体制拒绝者"（system-refuser）更容易（Farmer，2000）。法默引用了马尔库塞的著名论断："一种否定越是显得不合理，既定的体系就越能提高生产率和减轻生活的压力。"（Marcuse，1964；in Farmer，2000，p.644）这一论断勾勒出公共管理者能够用以肯定（凭权力说话）或拒绝（向权力说话）某体制的不同路线。根据传统的定义，历史充当的是"体制捍卫者"。但我们想看到的是成为"体制拒绝者"的历史分析。

一些最优秀的后现代主义理论家已经为有志于将历史分析发展

成体制拒绝者的学者铺平了道路。例如，米歇尔·福柯（Michel Foucault）通过动摇或拆解"伟大故事"的历史研究方法，重新定义了历史概念。他想表明，由"伟大故事"或"伟人"所定义的历史知识是怎样努力去控制生活的中断和抑制变革的。福柯撰写他关于现在的历史时，不是撰写作为过去的镜像的现在的历史，而是使我们面对"传统的历史叙事经常隐藏的碎片与不稳定性。当我们看见自己所持有的不稳定、变动不居的立场，我们就能开始从另一角度思考，设想我们的过去并不必然导致为我们的生活和文化指明某种意义和方向的未来"（Roth，1995，p.5）。理查德·罗蒂（Richard Rorty）同样力图颠覆历史，但与福柯相比，他这样做是出于不同的看法。福柯在研究中把历史看作是事实上不连续的。而另一方面，罗蒂则把历史看作是要么能够支持对不连续性与不完整性的强调，要么能够支持对连贯性与整体性的强调的叙述。所以，如何处理历史资料才是关键（Roth，1995，p.5）。

重新界定/重新发现历史

确实，我们如何处理历史资料才是关键。当历史学科致力于如何在方法论层面上界定自己，以尽力减少歪曲和使得这一领域不被"政治化"的时候，许多其他社会科学和人文学科却颇具讽刺意味地把历史编纂学当作一种"新的"方法论工具。贝克霍弗（1995，p.2）这样问道："随着近来对'历史转折'的宣告，人文科学是否已经回到历史学家的传统起点？"罗思（Roth，1995，p.2）进一步深化了这个问题：

直到 20 世纪 80 年代早期，历史意识还被许多人看作是以一种无效的、意识形态的、天真的理解世界的模式。在历史学科当中……一场信任危机震惊了许多最热心从事理论研究的学者，对于我们的文化保护，关于过去的有组织的研究能作何贡献已变得十分模糊。到 90 年代早期，很多东西都已经发生了改变。多个领域的学者重新求助于历史学科，从中吸取对他们自身学科十分必要的教训（或对他们的学科进行的攻击）……〔然而〕，尽管人们在历史维度上对历史研究或文化研究的兴趣日增，有关历史意识的基本价值或历史知识的问题却仍然是开放而且至关重要的。

虽然美国的公共行政学总是依靠历史分析这一方法论工具（我们决不能脱离我们的基础文献，如《联邦党人文集》、宪法、威尔逊评论、弗里德里克/芬纳论辩），但是作为一种理性工具，历史编纂学最近才得以复兴。相关的例子包括约翰·罗尔（John Rohr）关于开国者们对"政体价值"的分析、1993 年 5 月至 6 月间关于《公共行政学评论》的合法性的斯派塞和特里论坛（Spicer and Terry symposium），以及由此扩展到的过去几年无数的历史地检视公共行政学原理和假设的论文和会议（包括这一论坛）。不论是主流的、还是非主流的公共行政理论共同体都信奉历史分析。然而对我们来说，问题是学者们对历史方法的批判的程度有多大，以及他们是否从批判理论的基本立场去研究历史。

卡米拉·斯蒂福斯（Camilla Stivers, 1993）是让我们注意到历史方法的局限性的首批公共行政学者之一——历史方法通过隐藏其他方法来显露我们历史的某些方面。在她最近的著作中，她引用了约翰·高斯（John Gaus, 1930, Cited in Stivers, 2000, p.2）的一篇

第三章 "真"实在别处：批判的历史

鲜为人知的文章中的一段话。在那段文字中，约翰·高斯为公共行政学呼唤浮现于历史的"各个方面……现在正被埋藏着的各个方面"的"有用的过去（usable past）"。在进步主义时代，斯蒂福斯在她关于公共行政（机关男人）和社会工作（社区女人）领域的历史分析中，寻找着那些被埋没的方面。进步主义时代中，人们研究"更宽广的历史、理性和性别动力，说明那些组成一个领域的要素是如何同样地影响着其他领域内运转着的力量的，以及是怎样由这些力量所塑造的"（p.2）。

在斯蒂福斯（1993）更早的对斯派塞和特里关于宪法论辩的批评中，她揭示了他们对理性分析的依赖（尽管他们批评奴隶制），以及未能考虑到"特定的个人或团体如何凭借这份文件来赚钱，而其他人（如无产者，非洲裔美国人以及所有种族和阶级的妇女）又是如何变得贫穷的"（p.256）。她继续说道：

> 通过促使我们相信筹划者的决定合乎逻辑，斯派塞和特里力图使"在宪法中不存在道德两难"这一观念永远成立，并且，讽刺的是，他们还通过刻画理性十足的人性倾向，将筹划者浪漫化，从而让他们自己的物质欲求塑造他们"更高"目标的概念。这里的关键点在于，筹划者本可以选择其他的表现方式。他们本可以选择表现出其他的一面而不是表现为利己主义的一面，他们在某些方面也是这样做的。就像瓦克拉夫·哈维尔（Vaclav Havel）曾提醒我们的那样，对人类自由的最大威胁，不是典型的独裁者，而是来自非个人的权力现象：即植根于显然中立和客观的逻辑的权力。（p.257）

当然，公共行政学需要更多斯蒂福斯的学识。另外，我们需要争取复原"有用的过去"的学识,因为它自觉反映出了人们对历史学问权威的承认。我们要依靠"有用的过去"形成、歪曲和稳定那些阻止我们质问文化中关于权力的得到承认的观念的政体、知识和元叙事。一条复原"有用的过去"的途径是通过批判理论。

可复原的要素

一些关于公共行政学的、以及相关领域中对公共行政学思想有所贡献的学术研究,包含了批判理论的要素,但我们可能并不那样认为。相反,我们经常指望批判理论是复杂并"沉重的",它揭示着社会的真实本质,使得人们摆脱错误意识(他们受到启迪),然后采取行动将自身从压迫中解脱出来(他们得到解放)(Geuss,1981,pp.1-2)。这一"法兰克福"式的看法已经在尤尔根·哈贝马斯的"第二代"沟通方式中得到修正。然而,哈贝马斯的工作同样包含了对从现代、合理化社会的一些情境中解放出来的探求。其中,经济和行政体制中的工具理性渗透和改变了文化、社会和个人的"生活世界",压制着自由选择权和话语(Always,1995,pp.99-127)。

今天,在公共行政学中,批判理论仅有很少的拥护者。一部分是因为公共行政学是一个应用性的专业领域;一部分是由于批判理论广泛地论述了资本主义社会里的压迫和所有阶级对解放的需要,使得人们意识到自身的全部潜能。在我们所处的时代中,研究与政治中竞争观念迭起,关于诸如精英统治或阶级意识等宏大叙事的怀疑主义盛行,西方自由资本主义经济政治体制的胜利不断,因而这种涵盖一切的理论体系令人难以接受与运用批判理论。

我们的目的不在于让批判理论"恢复原貌",或将其当作失效的

第三章 "真"实在别处：批判的历史

教条弃置一旁。更确切地说，我们是要争取复原批判思想中对当代公共行政学有用的核心要素，并且对批判思想在理解该领域的历史和拓宽社会视野方面的价值给予特别关注。这样做，我们便能跨越诸如批判理论与实用主义、现代主义与后现代主义之类的理论范畴的边界。这种对"怎样都行"（anything goes）的观念的积极借用会烦扰那些偏爱概念井然有序的读者，但我们更热衷于有用的结果，而不是理论的内在一致性，并且设法对折中主义引起的困难保持敏感。

概括而言，下文将结合相关文献，论及批判理论中的一些主要议题、当今激进分子和改革者的思想状况，以及对行政史进行批判的学术考察意图。

解　放

20世纪20至30年代间的批判理论，保留了工人阶级具有起来反抗资本主义剥削的潜力的思想。但是在后二战时代，我们很清楚地看到，这种潜力（如果说它曾经存在过的话）已经消失了。对于批判理论家而言，在晚期资本主义社会中，随着官僚化、技术工具理性、大规模生产、广告传媒以及闲暇与工作的分离变得如此普遍，以致人们不再能够思考任何其他生存方式。批判理论家相信，人们受到哄骗从而愿意充当生产单元的角色，并对生活消费品感到满足，以致社会变革像马尔库塞所说的那样被"包容"了。发达国家中多数人的基本需要已经获得了满足，充足消费品的不经济生产过剩促使人们接受资本主义国家管理的合理性，其他形式的管理则被变成不真实的和无理性的。在这一背景下，"控制即管理"，从而"受管理的生活就成了所有生活方式中上等的生活"（Marcuse, 1964, p.255）。这就是马尔库塞（1964，p. 84）称为"快乐意识——对存在的即是合理的以及体制带来好处的信念"的情形。

本·阿格（Ben Agger，1992，p. 233）将西奥多·阿多诺（Theodor Adorno）描述为对批判的、革命的主体（准备好"革命"的人们）完全丧失了信心，因为"由于不具备'前政治'潜力，主体受到如此巨大的损害，以至于他们的思想和言论仅仅是主导意识形态与话语的反射"。在20世纪60和70年代的"反文化"运动中，赫伯特·马尔库塞在青年人的激进主义运动中找到了乐观主义的基础（Kellner，1984），但是他在《单向度的人》中对现代社会所作的全面评价的令人沮丧的本质也不容误解。在这种情况下，所有留待那些不接受管制社会的人们处理的东西，就是"政治上的虚弱……绝对的拒绝"，这似乎使"确定的体制越发能提高生产率和减轻生活负担"越来越不切实际。批判理论不能预想一个更好的将来，因为它"不具备填补现在与将来之间的空白的概念"（Marcuse，1964，p. 257）。于是，由于"未作承诺，不展示成功，它保持着否定的姿态"（p. 257），所以批判理论能做的只是提出批判。

在这一点上，批判理论提出了针对现代技术社会及其作为压迫和控制媒介的大规模生产的唯物主义分析方法。由于尤尔根·哈贝马斯的工作，人们把注意力转移到对语言和话语设置促进或减轻不平等权力关系的方式的分析上。阿格（1992，p. 182）把从广泛批判资本主义制度到聚焦于沟通领域的转向称为"批判理论的爆裂"。阿格是这样叙述的，"哈贝马斯想恢复人们被资本主义意识形态否定了的推理能力，资本主义意识形态使人们如同商品一样变成主导的政治与经济智慧的被动消费者"（p. 183）。这种能力的恢复不会推翻现存的政治经济体系，而是加以改善，以使经济和行政体制不会像现在这样压制文化、社会和个性的"生活世界"（life world）。阿格将它视为比早期批判理论更狭隘的激进主义的形式，早期批判理论是一种"针对特定的诸如民主化和资本主义福利国家的经济水准测量之类的零散目标"的一种实用方法（p. 185）。但这并未达到马尔库塞的激进程度，根据阿格的描述，马尔库塞想要"在由权力平等的生产者组成的合作的社区环境中"寻求工作领域和个人生活的完全解放和再统一（p. 184）。

不是所有的批判理论家都赞同这一观点，即：在"后现代"时期至关重要并且备受欢迎的批判理论必须摆脱它的革命意图。从女权主义角度看，特丽萨·埃伯特（Teresa Ebert）反对她认识到的在社会（经济、制度、系统）中不关心物质条件的倾向，她认为这种倾向强调"关于语言游戏、差异和话语优先权的后结构主义假设"（1996，p. 3）。埃伯特相信，"多元主义、多元文化主义、多样性和复杂性已被频繁地用于压制、镇压、禁锢和排斥其他立场，并且被用来消除一种基本的或根本的差异：社会分工、阶级对抗和用来推翻现存剥削社会关系的革命斗争之间的差异"（p. 43）。

革命的与正递增的多种批判理论都受到后现代主义的挑战。批判的和后现代的思想在对客观性、科学和社会的批评方面达成许多共识，但是后现代主义者质疑批判理论对普遍真理和忽视生活的局部、日常方面的对解放的总体展望所彰显的信念（Rosenau，1992，p. 14）。为了保护批判理论免受这些挑战，阿格（1992，p. 238）愿意放弃对教条思想的谨守，他声称："'批判理论'不是一个学派，而是我们在不同情境中所选择的抗争不人道的途径。"为了达到这个目的，批判理论需要超越对"被破坏的生活"的批判，并在此基础上拓展，因此它或可参与"关于理论、实践以及新的社会运动的当代问题"（p. 196）。

对于埃伯特和阿格来说，大多数后现代思想致力于使社会变革无从发生。社会变成"一个超越差异作无限斗争的永恒的现在",它"确定了阶级斗争的永久性以及在为无终止的对抗所提出的需要中它自己的阶级特权:资本主义的永恒和必然"(Ebert,1996,p.231)。埃伯特对此提出反驳,她的信念是:"解放——作为将人们从资本主义生产关系的剥削中解救出来的历史意义上的特殊计划——既不是虚幻的,也不是不可能的"(p.231)。

社会希望

这把我们引进一个讨论:何种社会变迁可能或者应当在当代情境中被预见或寻求。显然,那些把当代社会看作是压迫的和单向度的人,与那些把它看作是必须改良而不是彻底改变的人,对结果会有不同的期望。尽管如此,在发达国家中,很少有人认为,在社会秩序中存在大量在短期内发生革命性变革的潜力,如果存在这种可能的话。在这一背景下,我们的任务变成对当前存在的变革与标准化目标的潜力的理解。一个好的起点将有助于分析人们是怎样看待他们的世界的。雷蒙德·格斯(1981,p.83)确定了普罗大众对"四种十分不同的初始状态"的认识,这同样受到批判理论家的关注:

1. 官员们在经受磨难,并且知道原因在于何种社会制度或社会安排。
2. 官员们知道他们正经受磨难,但是他们要么不知道原因何在,要么用一个错误的理论去解释这种原因。
3. 官员们表面上看起来很满足,但对他们的行为所作的分析显示，他们正被一种他们意识不到的隐性挫折折磨着。
4. 官员们实际上是满足的，但仅仅是因为他们被阻止去激发某种愿望，一种他们本来能在事物的"正常"过程中激起的愿望，一种他们在现存的社会秩序框架中所不能满足的愿望。

在这四种初始状态中人们是不一样的。总的来说，马尔库塞关于"单向度的"工具理性社会的特征描述可能具有某种合理性，虽然它假定，存在人们可能认为更优越的可供选择的其他社会方式，如果他们对其有所了解的话。许多学者不愿作那种假设，他们宁可在现时的社会经济结构中工作。即使有人接受马尔库塞关于现存社会的特征描述，并认可寻求其他社会方式的愿望，但假定社区、地方、国家或民族汇集中的所有人都对他们自身的情形或对社会变革的偏爱有相同的认识，是不合宜的。

发达国家中的许多或多数人完全被统一在占主导地位的资本主义消费文化当中，并且许多发展中国家的人也在为此奋斗。对社会进行改良的许诺并不是失败的，从而也必须承认，难以使人们相信他们信赖的为其提供物质满足和一定自由的唯一的体制在某种程度上是虚假的、压迫性的和有缺陷的。然而，这不是要否认，人们对当代社会存有严重的不满，而且这种不满以多种形式出现。利用简略的团体和运动方式确定一些例子，我们能够把从宗教、对抗政府（民兵、自由意志论者）、返归本土哲学、"自奉俭约"、寻求种族、性别、经济和其他形式的社会正义、共产主义等中获取利益的人包括在内。一些涉及这些运动或思想主体的人符合格斯所划分的第一种类，并且相信他们能使普通民众扩展觉悟，从而第二到第四种类的人们能够逐渐具备与他们同样的想法。

马尔库塞觉察到作为革命阶级的工人的失败，转而从作为传播革命意识的可能先驱者的激进青年的活动中寻求安慰，但此处的观点并不是要搜寻由准备好推翻现存秩序的人组成的完整阶级。反之，我们是在提示，对晚期现代/后现代社会的破坏性影响的认知和对变革的渴望，既不是不存在，但也不是每人都均等共有。这些认知与渴望可能不足以引发大规模的根本变革，但是却可能足以完成制订"适用于社会安排中具体变革的建议——在法律、公司规章、行政程序、教育实践等方面"的任务（Roty，1998a，p.326）。如果我们不能总期待广泛的、遍及全社会的启蒙和解放，那么，就像约翰·杜威（John Dewey）所叙述的那样，"改善"可能是一个合理的目标，因此"在某一时刻存在的特殊条件，不管它们是相当地坏或相当地好，无论如何都可能是更好的"（Dewey, in Campbell, 1995, p.261）。对于被那些深深陷入缺乏批判理论的社会中的人所雇用的公共管理者来说，这尤为重要。虽然这些管理者不是经常要求根本变革，但他们却常常能在政策和操作程序中作出不断的变革计划，这对公众起着非常关键的作用。

这一更有限的社会变迁方法的理论基础可以在理查德·罗蒂的著作中找到。罗蒂与后现代主义者一样厌恶基础的、普遍主义的观念；作为一名哲学家，他在职业生涯的多数时间里致力于对哲学基础的解构。像他的前辈约翰·杜威一样，罗蒂赞成不时被激进分子和改革者攻击为支持现状的一种持续变化的实用主义哲学（Campbell, 1995, pp.225-265）。同时，他提倡用社会变革去提升民主和减少人类的灾难与耻辱。在集中研究可能的将来而不是过去的社会元叙事的实用主义样式中，罗蒂抛弃了批判理论对资本主义和剥削阶级的关注，因为这些关注有赖于"下列暗示：我们能够做得比市场经济好，我们知道存在关于复杂的技术导向社会的可行选择。但至少现在，我们没有看到这种选择"（Roty, 1998a, p.234）。为了取代激进的变革观念，罗蒂将注意力集中于对更美好的未来的希望，设计着某种"幻想"：

> 这种"幻想"能够以自己为根据而无须被一些夸大的概念性的可把握对象缠绕左右。这种朴素的、常见的幻想，能被受过教育的、没受过教育的、像我们这种在美国和欧洲大学里的中产阶级知识分子，以及住在利马之外的贫民窟的人们共同分享。它们是关于未来的具体幻想。在这样的未来幻想中，每个人都能获得心满意足的工作、得到体面的工资并且远离暴力与耻辱。(p. 232)

考虑到罗蒂的著作中明显缺乏可以用于为行动奠定基础的综合社会理论，他对社会改良的承诺引出了哪些价值成为他的规范化选择的基础的问题。罗蒂把自己描述为左翼的改革者（1998b），他承认：如果历史被解释为在任一种文化、任一形式的政府管理下，以及在任一可以想象的情形下……那些已经在金钱和权力方面博得喝采的人，为了确保他们及其子孙能够永远独霸金钱和权力而去说谎、欺骗与盗窃，那么说历史是"阶级斗争的历史"仍是正确的（Rorty, 1999, p. 206）。

约翰·杜威也说过几乎一样的话。为辩明自由使用信息是普通公众控制经济精英的无节制的最佳途径，杜威在1927年写道："只要对金钱利润的兴趣还是强有力的，一个社会也还未定位及确认自身，那么，那些怀有这一兴趣的人就会出于一种无法抗拒的动机去篡改那些在所有方面影响他们政治行为的根源"（1954, p. 182）。

我们已经回到原地，回到了我们在批判理论家那里所期望的社会条件、经济、权力和人类行为的更广泛的问题上。罗蒂的社会变革观念可能不包含对拆毁现有政治经济体制或实施乌托邦唯一版本的向往,但他对社会改良的渴望接近左翼的社会学家 C. 赖特·米尔斯(Wright Mills)以及后来的约翰·杜威(Tilman, 1984, chap. 8)与哈贝马斯(Rorty, 1989, pp. 65 – 67)。和批判理论家一致,这些人都表达了对西方发达国家中的人类状况的关注。法兰克福学派的理论家受环境所迫,放弃了工人革命的希望,而且他们广泛的、全社会解放的观念似乎与当今社会不符。然而,这三位改革者与批判理论家具有共同的对社会变革的渴望:他们希望藉此改善他们为之悲哀的社会环境。

批判的公共行政学

如果没有特别认同一个理论家或一个学派的思想,我们在某种程度上会同意将对社会的批判理论分析视作为社会变革提供丰富基础的一组具体条件。考虑到我们正生活其中的世界,我们也同情改革者的观点。他们认为我们应该去做我们力所能及的事情,并对递增的或局部的行动表示满意。历史不是一个单一的事件,而是我们今天所构成的东西,并且将来同样是一种社会构造。这并不是要否认如其现今所表现出的那种社会真实性,反之,"我们不是生活在一个固定的、完成了的世界中,而是生活在一个正在变化着的世界里,在这一世界里,我们的主要目标是可预期的,我们的回顾——一切有别于思想的知识都是回顾——在它给予我们的应对未来的可靠、安全和丰富中是有价值的"(Dewey, in Campbell, 1995, p. 61)。罗蒂特别提道:对于像杜威这样子的"一个自然主义历史学家","每种形式的社会生活都很可能迟早冻结成更为虚构的东西,而且当时

第三章 "真"实在别处：批判的历史

的焦躁不安的灵魂将遭遇到'压抑'和'歪曲'"（1998a，p. 320）。这样，"就像马克思和福柯帮助我们看见的那样，今天的镣铐通常是由击断昨天镣铐的铁锤铸造而成的。与马克思相比，福柯更倾向于承认：铁锤变成镣铐这一次序不太可能结束对那些不能铸造成镣铐的铁锤的发明——铁锤是纯粹理性的，没有混入意识形态。尽管如此，镣铐碰巧可能每一次都变得稍微轻一点，更容易被折断"（p. 320）。

鉴于这些关于社会、行动和历史的假设，问题演变成：公共行政学领域中的学者在他们的学术工作中，为有意义的变革可以或应该做什么。我们工作在具有技术、工具倾向的领域内，工作于这样一个时代：强大的权势为使民主意志结构从行政中分离的计划注入生机，我们鼓励政治—行政二分，以至于许多思想都销声匿迹了。这些力量力求瓦解公共行政学的两个思想领域，即社会的/政治的领域和组织的/管理的领域，并将其归结为一个领域，即组织的/管理的领域（Ventriss，2000）。由于传统公共服务价值的最后遗迹与"新公共行政"让步于"新公共管理"和"技师知识"（technicist episteme）（White & McSwain，1990）的完全实现，这导致那些忽视意义与目的的机械的、描述性的思想占据了统治地位。在这种知识背景下，关注社会希望和更大范围社会调查的公共行政学学者为创建一个更好未来而做的工作并不容易。罗蒂（1999，p. 121）紧随杜威（特别是其在美国背景下的演讲），建议高等教育应当通过讨论国家寻求独立、释放奴隶、解放妇女、遏制强盗式贵族等方面的历史，帮助学生们意识到自身是"增进自由与提升希望的传统"的一部分。大学除了要履行职业训练的职责外，还应鼓励老师通过制造"那些拥有实践其理想的忠诚公民的国家所遭受的生动、具体的失败——美国知道它应该变成什么样的国家而未能如愿的失败"（1999，p. 123），从而促动学生进行"自我创造"。这并不是所有人都想要或能够做到的。要在全体教员会议上作出这样的决定可能是颇具争议的,而且这也不是"能够轻易向提供资助的政府部门或理事作出解释的事情"(1999,p.123)。

讲授解释性的、有时是批判的历史,从而让学生理解一个与他们一直坚信的世界相比,更为复杂、分裂和困难的世界,这的确是一个充满希望的梦想。但是,这一梦想可能会打击到一些人:那些过分乐观、把社会制度的历史和本质以及他们对人类和自然环境的影响看得过分轻松简单的人。马尔库塞(1964,p.226)用下面这样的简单故事来帮助我们重新把握这些基本问题:

> 我在乡村间漫步,每件事物都像它原本的一样:自然处于最佳状态。鸟儿、阳光、柔软的草坪、放眼望去绿树成荫的山丘,周围没有人、没有广播、没有汽油的味道。这条小路走到最后,便是转弯处的高速公路。回来的路上,我经过了广告板、服务站、汽车旅馆和客栈。我之前是在国家公园,现在我知道那并非真实。它是一个"保留地",类似保护正濒临灭绝的物种的保护场所。要不是有政府,那些广告板、热狗店和汽车旅馆本将长期侵犯大自然的和平。我对政府心怀感激,我们使它比以前更好了……

这个关于错误意识的苦乐参半的悖论渗透于整个故事中。随着时间的推移,人们变得对资本主义工具理性社会中事物的存在方式习以为常,以至于他们不再知道有其他方式的存在。历史的撰写是要符合由市场的经济命令规范而成的当代社会价值体系的。正如马尔库塞所说,所有的事物都瓦解为单向度的,从中没有出路可言的。过去是一段通往可能存在的唯一的现在的一元化进程,而且将来也必定是一样的。我们感激历史提供给我们的一切，并拒绝那些使我们丧失很多而收获很少的建议。

"十字路口的克莱奥"：撰写批判的历史

如果我们撰写批判性历史，历史方法会变成怎样？克莱奥（Clio），一名历史的沉思者，正处于十字路口上。① 根据贝克霍弗（1995）的研究，历史学家所采用的语言学、解释学及修辞学的转向，"改变了一些词汇、引进了一些新主题和处理这些主题的方法"，使之融入历史学科。然而，"与人文科学中多方面的转变及矛盾问题所造成的关于传统历史著述与实践的基本假设所经受的挑战相比，就显得不那么重要了"（p. 25）。他继续说道：

> 虽然历史编纂学按照推测解决了其他学科中的理论问题，但在后现代、后结构主义者时代，这些依次而行的史料化却不能解决那些佯装从事历史研究的学科的理论问题。是什么使得历史编纂学方法有可能应对文学与修辞学理论家自己向描述历史的传统方法提出的严峻挑战呢？这是我们在当前历史实践中需要深思的问题。这一挑战是显而易见的，尽管大多数人对新型文化历史和新型历史相对论怀有热情，但没有唯一确切的回答。

尽管没有确切的回答，但在公共行政学中仍有一些（重新）建构过去的超出伟大故事范围的少许例子，通过历史叙事、意识形态

---

① "十字路口上的克莱奥"的提法，源自贝克霍弗（1995, p. 25）。

体系或主导叙事中特权知识的本质，使之受到质疑。对于教/写没有标准可言的历史的教师/学者而言，存在着一种类似于理解批判历史的工作。在没有标准可言的历史中，"现在"所表现的是一个不稳定的静止方面，而不是一个自然进行的结果；"将来"也同样是不确定的。这一工作显示，提供引起、产生新认识的观点是可能的，它甚至可能使公共从业者或其他学者能够重新思考他们关于未来的"空想"。本文不能对此作充分探讨，但可举出一些相关的例子（对那些同样适当而未获引用的其他著述深表歉意）。

一个现代的例子，上文也提及过的，就是卡米拉·斯蒂福斯所写的《机关男人，社区女人：构建进步年代的公共行政学》（2000a）一书。书中，她叙述了关于环境是如何影响我们今天所了解的美国公共行政学的知识和实践的形成过程的故事。她讲述的故事涉及的是公共行政学的构建，它"在某种程度上怀疑本领域的理所当然的方法的性质，并将其放回历史情境中去，历史情境是这样一个研究框架：其中的科学、交往与性别同等重要，其政治维度已获理解"（p.2）。她通过解构当代公共行政学的进步时代结构，提出对公共行政学历史的批判，表明我们所选择的重要的和有意义的观念及实践是怎样"使那个社会中的特定方面开始得到迅速的解脱，并使其他方面陷入阴暗中"（p.3）。她继续说道："就知识分子、尤其是社会科学领域中的知识分子而言，对于社会动力学中那些处在其周围的重要或有意义事物所作的选择，开始构成思维模式中的意向，并成为重要的流行的概念。在公众中流传的这些概念（不论好坏），成为人们利用的工具，人们藉此解释他们生活的环境，并决定什么事情可以做或值得去做"。

摆脱历史解释主导范式的其他例子，包括斯蒂福斯与谢丽尔·西姆拉尔·金及其他合作者共同完成的另一本书《民有政府：反政府时代的公共行政学》(1998),书中收录了探究关于美国政府管理历史的选择性解释的论文,批判地分析了由创建年代的争论和后续事件形成的政治与经济的权力关系,并把它们与当代的挑战和未来的展望联系起来。在另一范例《公共行政学中的合法性:一种话语分析》(1997)一书中,麦克斯威(O. C. McSwite)回顾了在建国年代象征着确定的财富与权力的联邦主义者对于代表着普通市民的反联邦主义者的胜利,并探讨了这一胜利的影响。麦克斯威重新构建了反联邦主义者关于合作社会的梦想,提出与罗蒂修正的杜威哲学方法很相似的"协作的实用主义"(collaborative pragmatism)。它是一个联合的问题解决框架,在这一框架中,对话不受那些认为自身方法即唯一方法的人们的基本预设和统治的影响,并且在实践中持续地导向更好的未来。最后,在《公共管理:引领美国社会进入21世纪》(1998)中,理查德·博克斯描绘了按照精英团体统治方式进行的地方公共事务的历史。尽管自美国殖民地年代起,地方公共事务管理的形式与实践都发生了变化,但其影响与控制仍然得以留存并将继续值得注意地规范和限制着公民与公共管理者的行为活动。

在相关领域中,也可以找到揭示当代主流文化的历史假设的类似关注。罗伯特·津恩(Robert Zinn)的《美国民族史》(1999)一书,是根据那些在政治与经济上处于边缘化和被剥削、以及那些在多数历史中消失了的人的观点而撰写的。这部著作目前正由(美国)公共广播公司拍成"电视连续短剧",这标志着对批判的历史分析在通俗文化中的重要地位的承认。历史学家戈登·伍德(Gordon Wood)在《1776—1787年美国共和政体的创建》(1969)一书中,费尽心思地用文献证明了平民大众与那些在建国年代拥有财富和权力的人之间的关系,把这个时代的政治描述成是这些群体间的斗争。在《民主与资本主义:财产、社区及现代社会思想的矛盾》(1986)

一书中，经济学家塞缪尔·鲍尔斯（Samuel Bowles）和赫伯特·金迪斯（Herbert Gintis）指出，美国历史可以理解为一系列有钱人与其他人之间的迁就融合。这种迁就融合允许充分的个人自由在最低限度内保持普遍的上升。鲍尔斯和金迪斯认为，美国在一段时间内便能逃脱个人权利与在欧洲经历的资本主义财产积累之间的张力，是因为美国有充足的土地供殖民所用。教学中的历史经常将社会冲突的思想限定在大规模的诸如世界大战之类的国际事件中，但在《公民战争：19世纪美国城市的民主与公共生活》（1997）一书中，历史学家玛丽·瑞安（Mary Ryan）抓住了19世纪美国城市生活的喧嚣的特征。她考察了纽约、新奥尔良和旧金山关于种族、国籍、宗教、性别和财富问题的冲突，这样的冲突常常包含了骚动和暴民暴力。瑞安写道："民主政治和关于政治组织联合生活的决策，要在通过市民指定、主张和给予自身及相互给予意义这一不懈的实践中才能得以产生"（1997，p.7）。这不是一个必然的进步程序或工具理性的胜利，金迪斯在对三个城市的发现所作的概述里有这样的评释："在最简单的层面上，这部历史警示大家不要把过去看作是有些和谐的、高雅的、统一的将提供民主政治单一模式的公共领域。相反地，它请求大家注意和欣赏那些说话尖锐的、喧哗的、粗鲁的、苛刻的和好争吵的市民。民主不是一个统一的政治，而是一个反抗的政治"（p.311）。

在组织的层面上，有两个例子可用来阐明对社会条件与工作环境之间关系的批判性历史分析。一个例子是威廉·斯科特（William Scott）和大卫·哈特（David Hart）合著的《组织化的美国》（1979）一书，他们在书中描述了19世纪到20世纪、从"个人命令"（individual imperative）到"组织命令"（organizational imperative）的变迁。这一变化的结果是，人们受到现代组织的控制。现代组织利用"通用的行为技术用先进的方法把个人与团体整合为相互依存的关系，从而有效地达成体制目标"（原文斜体）（p.4）。行为技术源于行为科学，并"被用来取得人们对管理指令的服从"（原文斜体）（p.4）。

罗伊·杰克斯（Roy Jacques）探究了关于雇用中社会与个人冲突的这一个人—组织的变迁。在《制造雇员：从19世纪到21世纪的管理知识》（1996）一书中，他开始"创造一个更全面的论坛，通过表明今天的问题受制于昨天的问题这一观点，来讨论明天的问题"（p. ix）。直到19世纪晚期，大多数人才在农场或商店为自己工作，并且工作与私人生活被统一在社区当中。随着现代组织的到来，工作从国家、家庭和社区中分离出来，并在个人自治、家庭和性别关系以及工作内容中发挥了重要的影响。

这些例子中讨论到一些作者会把他们的理论方法确认为批判理论，另外一些则不会，但全部作者一致认为，应当超越对主导文化的标准陈述，以一种探索的、批判的意向去解释历史。对他们而言，一段问答式的过去把我们引向现在，这只是其中的一个过程，而不是一个理由充分且静态的结果。每一位作者都相信，这种对批判的历史解释对于满怀希望的构建未来是必须的。

我们坚持这样的信念——如果不进行批判的历史解释，我们不可能"重写现在"。正如我们在本文的最后部分所略述的那样，在公共行政学和其他领域，包括历史领域，都有一些关于批判的历史解释的例子。我们力劝公共管理的从业人员和学者代替我们，认真地进行批判的历史解释——坚持马尔库塞（1964）称为"大拒绝"的东西。至少在某些时刻和某些地点，拒绝让一个人的工作继续扮演体制捍卫者的角色。不管可能多么困难，如果没有这一类的实践和学术研究，我们都不可能"重写现在"——可能的只是在一旁校订已经为我们写好了的教科书。

第四章 批判理论与话语矛盾*

　　公共行政理论家通常是这样一类人，他们为管理的自由度来争取获得一个更为宽广的领域，他们的著作通常可以大致划入三种范式（paradigm）之中：合法性范式（legitimacy Paradigm）、辩护性范式（guardian paradigm）以及批判性范式（critical paradigm）。合法性范式中的理论家强调在宪法框架内的认识，辩护性范式中的理论家力图为行政官员在管理无知公众时争取更多的自由裁量权。由于这两种观点都不符合美国人对于政府的看法，所以都没有什么实际影响。与之不同，批判理论则倡导向公民提供更多的信息，从而使其可以采取行动，并且便自己免于精英阶层的统治。然而，对于专职行政官员来说，这种批判性的观念所涉及的正式权力却少之又少，并且会导致他们与雇佣他们的民选官员产生分歧。本文试图探讨，关于公众管理者角色的这一观念是否正确地阐释了公民与政府关系的特性，同时也想说明公众管理者是否能够通过成为信息提供者、而不是寻求更大的体制内权力，成为变革的一个有效动因。

---

　　* 载于《美国公共行政评论》，1995 年第 1 期（3 月），卷 25，第 1—19 页。版权属于 1995 年塞奇出版有限公司（Sage Publication, Inc.），获准转载。

第四章 批判理论与话语矛盾

公共行政理论的许多文献都对"公职人员应该运用多大的自由裁量权"和"他们应该为谁服务"这样的问题进行了关注。关于行政自由裁量权的一种中立模式，要求公众管理者接受现有的任何状况，并且执行由掌权者发布的指令。虽然这种关于行政角色的工具性观点避免了由政治—行政问题所带来的困惑，但是许多学者和实践人员的关注点还是集中到了改变存在于政治和行政领域之间的关系上。

在政治—行政领域中，合法性模式是一种普遍的规范观念（normative view）。它试图为公众行政寻求制度合法性（institutional legitimacy），同时也为专业的公众行政人员寻求更多的自由裁量权。批判理论模式不是通过获取更多的承认和自由裁量权，而是通过减少专业操控以及把知识和决策能力从政府传递给公民，从而改变政治—行政的关系。

许多人认为，公职人员的角色在日常工作世界中具有一种有用的实际的影响。这一规范观念不能仅仅建立在理论家的价值偏好上，而必须建立在对价值观、预期最终结果以及在特定文化、经济和政治背景之下的实用主义理解的认识之上。美国的公共行政正是发生在这里所说的特定文化、经济和政治背景之中。

虽然合法性模式中的一些理论著作对制度性关系有着更多的理解，但对公共行政官员来说，却鲜有实践效果。因为社会趋势和美国人坚守的信仰与公职人员想要争取更多自由裁量权的意愿背道而驰。提倡一种对公共行政人员而言是最佳角色的规范性的立场是非常容易的，但是要达到一种能够产生真正效果的状态却绝非易事，需要把行政的背景也考虑在内。在处理人们面对实践专业的当代问题时，这一背景使得合法性模式失去效用。

鉴于合法性模式在公众行政实践中的作用有限，我们把注意力转向批判理论模式。这种模式不甚重视公共领域专家就公共问题为高层决策所提出的主张,而是强调专家应允许公民表达他们自己关于未来的构想。将批判理论应用于公共行政中的关键前提主要有两点:一是政治结构允许被精英阶层所掌控;二是公民之间、公众管理者和公民之间的开放式交流,能通过知识和能力的重新分配来改变这些结构,从而将批判理论用在公共政策的制定中。这种讨论,或者称之为"话语",将决策的政策启动枢纽从职业行政官员那里转移到公民手中。

以下部分主要是用来检视批判理论模式的特性,并对其怎样影响公共管理者的角色进行评价。结论是,公共管理者与公民之间的互动可以成为一种有力的工具,能够用于建立开放的政治体系,形成更强大的公共自主(public self-determination)。然而矛盾的是,职业公共行政官员的有效性可以通过放弃对合法性的诉求,以及通过运用(而不是反对)有利于公民而不是有助于职业控制的价值观,得到增强。

各种模式的价值基础

合法性范式

致力于增进公共行政合法性的著述者,通常会把注意力集中到政府的国家层面上。合法性问题集中于公共行政和宪法的关系以及建国时期的性质争论上(Rohr, 1986, 1993; Spicer & Terry, 1993; Stivers, 1993; Wamsley et al, 1987)。尽管存在"'合法性'究竟意味着什么"的困惑(Warren, 1993, pp. 250 – 252),但得以合法化的公共行政似乎将受到公众的尊重,与目前相比具有更多独立行动的权威和自由裁量权，而且被赋予了一种和现有政府分支机构多少享有平等地位的合作者身份。

因为现代社会的复杂性经常产生混乱而且无效的政治关系，所以"合法性"可能会被认为是必需的。同时，由于无知或漠不关心，公众也可能会丧失履行责任的能力。这时公职人员的专业知识便可以使政府脱离困境，并且，受其逻辑极限的驱动，对合法性的探索可能在公共管理者的维护阶层中达到极致。身处公共管理者的维护阶层中的人们作出的决策，是关于那些他们认为公民会选择不作决策或不能决策的事务的（Fox & Cochran, 1990）。

认为行政合法性日益增多的观念，可能会因为缺乏美国的政治传统中的理据、因为既定的行政国家的现有统治而变得不相干，或者因为提倡一种反民主的行政精英统治而遭到人们的批驳。对于公共行政而言，更大的合法性可能是一条通向更民主、平等和人道的社会的途径。或者，由于"作为行政管理的统治功能，以及大规模消费领域的过度发展，被管控的生活成为全民的美好生活"（Marcues, 1964, p. 255），它也可能导致个人自由的缩减，从而形成"快乐意识（Happy Consciousness）——其中包含着这样的信念：现实是理性的，并且社会制度对商品进行分配"（p. 84）。

虽然这些关于合法性模式的问题颇为重要，但是却缺乏清晰的答案，同时也没有能够深入地探讨未来。一种更为直接有力的评判来自实用主义的回应。没有人会否认行政理论家们应该积极探索当代社会的基本实质及其与公共行政之间的关系。然而，在公共行政的理论构建的努力中，关于合法性的理论化占据了重要的部分。因此，我们很有必要对就此所作的时间和精力上的投入对行政管理实践所产生的可能影响加以评估。

合法性辩护对公共行政实践的短期影响并不大。对公共行政人员而言，宣称对制度合法性或更大的强制性权威的需要，可能会抚慰那些激愤的民众，他们认为政府官员之间的相互攻击以及保守的意识形态产生了非常坏的影响。然而，这样的宣称却未曾改变行政活动中的文化特性，也没有深入到美国公共行政工作发生的场域。在大型组织中可能有一些行政人员有时间来思考这种问题，基于合法性模式采取行动的时机以及从政治责任中"隐藏"他们行为的能力。但是这些行政优势（如果真的存在的话），行政人员仅仅在较小的机构，特别是地方机构中能够较少地获得。

合法性模式对公共行政实践的长期影响可能也不是实质性的。这是因为制度性变革只有通过彻底改变深层次的价值观和社会法律结构才能够成为现实，而且它所服务的是确定了现有条件下变革需求的目标。然而，考虑到公共治理的迫切困难，人们在那些对事情的进程几乎没有可能有任何影响的理念上花费太多时间，或许是徒劳的。如果一项对执行可能性的真实评估提高了专业公共行政人员的权威和自由裁量权，那么撇开政府通常的规模问题不说，这项评估必须应该能得出这样一种结论，简单地说即美国大部分民众将不愿接受提高权威和自由裁量权这一结果。把我们所生活的时代刻画为对政府持重大怀疑的时代，是没有必要的。在任何时候，美国人如果面对着一个强有力而且独立的行政阶层所持的观点，那么他们会提出诸如此类的问题：如果我们拥有它什么会发生改变？公共行政人员而不是私营企业家会拥有权力和财富吗？他们将创造一个"平均主义"（leveler）的社会，平等地分配资源吗？并且，这对经济生活会产生什么影响？为什么我们应该期盼这些人能比我们的政治家或者比极权主义国家的官僚做得"更好"？为什么我应该放弃我的所有能力，而让位给无须负责的技术专家，来决定我的民族、国家或社区的命运呢？

这种实用主义的评判并不是试图将公共行政的论争锁定在一个工具性的、在理论和实践上维持原状的视角之内。相反，它意在确定这样的观念，即我们能理性地影响可预见的未来。但是，合法性模式所持的似乎并非这样一种观念。

批判理论模式

批判理论模式一段时间内在公共行政理论中不被重视。登哈特（Denhardt，1981a）提出要增加公共行政领域中对批判理论的应用。怀特（White，1986）把批判理论看作是传统实证主义研究的一种替代选择，另外还有几位著述者也在他们的研究中运用到批判理论的多种形式。尽管如此，批判理论在更大范围的公共行政理论研究中仍然处于次要位置。

批判理论"以黑格尔的哲学理论、尤其是以黑格尔关于历史的观点（认为历史是理性以及理性所蕴涵的自由的展现）为依据"（Denhardt，1981a，p. 629），试图"显示社会是怎样的，以揭开其实质和运行模式的面纱，并且通过深层的社会变革为人类解放而奠定基础"（Burrell & Morgan，1979，p. 284）。批判理论家想象中的社会已经伴随着现代城市工业社会出现，并且由大型的韦伯式的公共和私有的官僚体制所掌控。这一社会构建在一种市场模型之上，这种市场模型又体现在一种技术性的消费主义体系中的个人效用最大化的公民身上（Macpherson，1977，pp. 77–82）。

该体系的发展，受到了科技应用以及处理社会、经济和政治生活问题的"目的理性"（purposive-rational）方式的推进。这种目的理性"扩展到正确的战略选择、技术的恰当运用、以及系统的有效建立"（Habermas，1970，p. 82），去除了个人对社会生活选择的考虑，而代之以一种"单向度的"意识形态。在这种意识形态中,"社会的政治需要成为个人的需求和渴望,其满足度促进了商业和国民的发展,并且所有这些看来都是理性(Reason)的完美体现"(Marcuse,1964,p. ix)。

在批判理论家们看来,这种情况中存在的问题在于,"由于它的结构原因,目的理性行为成为控制的执行"(Habermas,1970,p. 82),而它本身就是一种控制形式。由于基于大规模生产、消费以及有物质保障的幸福生活的意识形态日益普遍,人们已经不能对他们所处的环境进行批判性的评估,也无法思考改变生活方式的替代选择。虽然他们努力顺应并达到上述期望,但他们仍然处于一种"含糊不清的隐忧、举棋不定的不满、非理性的行为方式等状况之下——简而言之,这是一种人们尚未承认是什么的一种窘迫和令人不快的境况"(Geuss,1981,p. 81)。

这种尚未达到自觉意识层面的浅层欢乐和深层隐忧的困境,是一种人们称之为"错觉"(false consciousness)的虚幻状态。作为一种补救,批判理论提倡通过给予公众所需要的、能使他们作出自己选择的知识,采取这样的政治行动:人们在这些政治行动中可以跳出他们的错觉。这种人们所渴望的"最终状态是,各种机构都摆脱了错觉——他们消除了无知……(并且)得到了解放"(Geuss,1981,p. 58)。人们拒绝获得解放,是因为对他们目前状况的了解使他们的安全感受到威胁,同时许多人不相信他们生活在一个由经济精英维系的物质满足和精神匮乏的状态之下。在批判理论家看来,大多数人:

> 受到广告传媒持续的狂轰乱炸,以展示他们是何等优越、以及他们是何等幸运地拥有他们现有的一切。他们受到训练,将加速消费强调为他们不可避免的生活方式。并且,他们总是

被告诫不要草率地处理财产,因为这样的行为会毁掉他们的工作以及他们的消费潜力。一群激进民众决意在其中进行锐意改革的这种情境不大可能出现。(Scott & Hart,1979,p. 219)

不同于许多公共行政理论著作中所写的那样,批判理论模式明确承认,在公共行政实践生态中存在着固有的政治制约。在批判性理论家的社会中,行政人员受雇于那些掌握了或者表现为掌握了权力的人——那些人通过对市场的控制获得这些权力。虽然资本主义政治体系的民主属性在一定程度上允许公众参与政策过程,但建立在权力和财富之上的精英控制的现实仍然是不可避免的。因为公众没有意识到目的理性的占据了统治地位,所以他们也就无法有效地参与公共治理,也不能置身事外地对变革需求加以评价。

在合法性模式中,专业的公共管理者成为重大变革的焦点(例如在"社会公平"的目标下重新分配财富)。与合法性模式相比,批判理论的目标就是要创造条件,使得充分自觉的公众能够实施变革。在这些条件下,公共管理者不用大费力气地去获得更多的权力、自治和承认。相反,他们把决策的知识和权力让渡给受那些决策影响的人们。然而矛盾的是,这种对决策知识和权力的让渡,被认为更能使管理者作出更合意的决策,而不是增加专家控制的可能性。

对管理者来说,这种行为要冒两种方式的风险:其一,专家可能因为激起政治家所厌恶的政治倾向而被处罚或被解雇;其二,公众一旦获得解放,他们所选择的政策可能就不合管理者的喜好了。公共管理者所秉持的关于更美好未来的想象,并不是整体化的,也不是一般公众所期待的那样——不论他们是受迷惑的还是已获解放。对批判理论家或管理者来说，倡导一种特定的未来理念，与解放的意图是相对立的。当人们完全知晓他们能够获得替代选择时，这一理念允许人们作出他们自己的选择。在这种情况下，正如特里·库珀（1991，p.167）所说的那样，公众管理者"对支持人民主权负有责任，同时也有责任使他们能够获得特定的技术和知识"。

我们应当通过评估批判理论模式对公民行政的效用加以检验。本章前面的引言部分介绍了批判理论模式的两个前提：第一个前提是，政治结构为精英控制留有余地；第二个前提是，通过在公共政策的制定中知识和能力的再分配，公民之间、公民与公共管理者之间的话语能够改变这种结构。在接下来的部分中，我们将以地方社区作为分析的单元，来探讨精英控制的实质。

掌权者与受治者之间的关系

社区权力方面的文献

有关国家以及地方权力结构领域中的研究很多（Ricci，1971；Waste，1986）。公共行政领域常常在讨论管理者的角色时，并不对限制行政行为的政治背景的特性进行精确评估。在地方层面上，这种趋势忽视了魏思特（1989）称之为"城市政策制定生态"（the ecology of city policymaking）的公共行政的重要性。因为公民与行政人员之间的许多日常接触发生在地方层面，所以这就使得人们十分有必要从地方层面入手，来检验批判性范式关于精英集团控制公共政策议程的假定是否正确。

第四章 批判理论与话语矛盾

关于社区权力结构的文献包含了好几部里程碑式的著作，如20世纪20和30年代林兹（Lynds，1937）关于印地安那州芒西市（Muncie，Indiana）的研究，弗洛伊德·亨特（Floyd Hunter，1953）在50年代早期在亚特兰大（Atlanta）的研究工作，以及罗伯特·达尔（Robert Dahl，1961）在50年代晚期对纽黑文（New Haven）的研究。在"二战"结束期间，一直到70年代，在"精英主义"理论家和"多元主义"理论家之间存在着一种争吵频繁的辩论，但这种辩论陷入了僵局而且最终一无所获。精英理论家运用理论构建和研究方法，发现有证据支持由小型、封闭、团结的群体进行社区控制的批判理念。利用不同的技术手段，多元主义理论家也发现了由小型群体所实施的统治。但是这些群体是对外开放的，公众易于进入，并且拥有随着议题更新（比如城市的重建、公立学校治理等等）而不断变化的成员（Waste，1986，p.13–25）。

从70年代开始，出现了各种各样的途径，提出了可供替代选择的方法，以检测社区权力。哈里根（Harrigan，1989，p.19）把这些途径归纳为五个方面：（1）新马克思主义和结构主义理论；（2）哈维·莫罗奇（Harvey Molotch）的增长机器理论；（3）彼得森（Peterson）的整体利益理论；（4）斯通（Stone）的系统权力和政权理论；（5）多元主义反击理论（pluralist counterattack）。这些关注着社区权力的途径中都包含了对公共行政实践有用的思想。

当精英理论家和多元主义理论家在讨论社区权力的结构形式之时，社区治理和领导风格领域中的研究也在继续，例如班菲尔德和威尔逊（Banfield and Wilson）的《城市政治》（*City Politics*）（1963），科特和劳伦斯（Kotter and Lawrence）的《起作用的市长》（*Mayors in Action*）（1974），洛夫里奇（Loveridge）的《合法政治中的城市管理者》（*City Managers in Legislative Politics*）（1971），威廉姆斯和阿德里安（Williams and Adrian）的《四城》(*Four Cities*)（1963）等一系列著作。在担任地方政府实践工作者几年之后，我作为一名学者研究了社区权力的有关文献，并把这些相关概念讲授给处于职业生涯中期的实践者，我发现有少量模型在描述日常现实和帮助实践者了解其工作环境时非常有用。其中之一便是"增长机器"理论，这一理论产生于城市政治领域中的精英——多元理论家的讨论之中。另外一种威廉姆斯的"四城"模式，源于60年代早期对社区政府的研究，这种理论展现了关于公民和社区领袖之间关系的四种不同的社区取向。

增长机器模式

许多关于社区权力和治理的早期著作在描述现象时都没有充分解释其深层原因。莫罗奇在1976年提出的增长机器模式假设是：地方政治是由那些拥有或控制土地和建筑物来获利的人们的意愿所驱动的。这些被称为"增长机器"的精英，由土地所有者、投机商、建筑商，以及那些从其活动中获利的专家和工商阶层（律师、银行家、报纸出版商等等）组成。他们通过非决策（non-decision making）手段（即将重要的问题悬置）控制公共政策的议程，在关于特别设立的地区、财政和其他问题的乏味的一系列会议中作出决策，通过创造一种对社区的"我们所感"（we-feeling）来使公众的注意力从他们的行为中转移，用运动队和社区事务等事件来向公众逐步灌输"关于本地'进程'的公民沙文主义的精神"（Molotch, 1976, p. 315）。结果，"对那些重要人物而言，城市就是一部增长机器"（p. 310）。

虽然其他理论家也认识到了在地方政治经济中土地使用的极端重要性（Peterson, e. g., 1981），但是莫罗奇的模式把土地使用视为地方经济的核心特色，结合了对市场力量、精英们的闪烁其辞以及使公众确信"他们对社区未来的构想对所有人都有利"的行动。自从增长机器模式被引进以后，已经有几位研究者将其直接用于相关的实证研究中。其他一些调研结果显示，增长机器模式在解释市级行政首脑关于增长的态度时看起来具有一些效用（Maurer & Christenson, 1982），而公众则恰恰可能会与其以增长为导向的获选代表意见相左（Anglin, 1990）。增长机器的强度因社区不同也可能有很大差别，而且有些社区对此还有较多的抵制（Logan & Molotch, 1987, pp. 209-228）。但是，想要抵制通过土地利用获益这种基本的市场动力，还是需要付出很大努力的。而且在大部分地区，政治进程通常是受到"人们利用资产赚钱的梦想、计划以及自我组织"的驱动的（p. 12）。

在一定程度上，增长机器模式反映了一个特定社区的现实。对行政官员来说，既充当公民解放的手段，同时也保证他们的工作，是十分困难的。精英群体能从维持公众的不知晓和不参与的状态中获得显著的经济利益。一位专家，如果试图向那些或许不赞同增长机器目标的人们通报相关信息，将会面临风险。这一风险可能会换来有益的结果，但是也可能会制造冲突、个人危机以及职业生涯的不确定性。简而言之，如果精英人士因为专家鼓动人们对增长机器加以拒斥而对其施以攻击，那么这位专家的行动进程应该持续多久？专家们应该承担的风险有多高？他们怎样才能确信：服务于众所周知的更普遍的公众利益比服务于统治精英是更为"正当"的？

"四城"模式

对那些处理规划和发展问题的地方政府中的实践者来说，增长机器是一个很有说服力的解释工具。该模式的主要缺陷是，在说明利用土地来驱动地方政治经济发展这一点时，它没有充分考虑社区之间的差异。威廉姆斯和阿德里安在他们的著作《四城》（1963）中，明确界定了几种此类差异。虽然人们可能会持有争议，认为增长机器的动力在威廉姆斯和阿德里安所描述的四种类型的任何一种中都得以呈现，但是这些社区仍然展示了在公民生活中履行社区治理职能的不同途径。威廉姆斯和阿德里安（1963）所描述的四种城市类型如下：

1. 促进经济增长型（Promoting economic growth）。"政府的目标是要看到社区在人口和/或财富总量上的增长"（p.23）。

2. 提供并确保生活福利型（Providing and securing life's amenities）。这种政府的中心目标是要创造一种"拥有安宁而且和平的环境的家园"（p.25）。

3. 维持传统服务型（Maintaining traditional services，即"看护人"政府）。"关于个人资源分配的非劳动所得的决策由政府通过税收得以进行"，并且，"这种看护人的形象与反对区分、规划以及不动产使用其他规制的政策联系在一起"（p.27）。

4. 利益冲突中的仲裁型（Arbitrating among conflicting interests）。在多元仲裁的社区中，人们"强调的是程序，而不是政府行为的实质"（p.28）。

虽然这种分类由于在一定程度上未能确定"社区能够加以最大化的实质性目标"（Peterson，1981，p.31）而受到批评，但是它展示了一系列社区特点，而这些特点在其他关于社区性质的理论中很少发现。像任何模式一样，它也存在改进的地方，并且它还描述了许多（但并不是全部）在现实世界中可能遇见的情况。不过，这种分类中对社区类型的描述在涉及城市区域的常识时还是颇为合理的。促进经济增长型的社区是一种普遍类型，而且它与莫罗奇的增长机器型城市互相吻合。强调生活福利设施的排外的郊区飞地（suburban enclave）广为人知，作为多样化的、冲突仲裁型的城市，其中有许多组织、联盟和个体为获取政治利益而相互竞争。"看护人"城市看来多少有点罕见，虽然我生活在这样的城市，在这个城市中人们并不信任政府，并且希望尽可能限制其权限。

社区取向的多样性

四城模型对于精英控制问题的重要性在于，我们能够预见关键政治人物的动机以及他们在不同地方组织人员以使得其目标不同的方式。因为这一变量，所以希望启蒙和解放公众的行政官员，根据社区背景的具体细节而有条件地采取行动。

并不是所有的社区都需要用行政干预来校正统治集团和公民之间的知识的不平衡。一些地方拥有开放的、并且可以让公众参与其中的治理程序；而另外一些地方则可能相对封闭和排外。但无论如何，统治集团的目标不会总是取决于开放或保守的治理表现。例如，莫罗奇的增长机器就不管有没有他所描绘的操纵行为都会存在。人们可以不无理性地构想出这样一个社区：在这个社区中，大家对增长的愿望达成了普遍知情和热心参与的共识。在其他社区中，可能会存在关于增长的公开冲突。与之相伴的是增长机器中的派系在多数时间内在政治上"赢得"优势（Vogel & Swanson, 1989）。在这些地方，信息控制不是问题，冲突的来源是关于目标的根本分歧。也存在这样的社区：人们对解放性增长的拒斥成为政治体系中占支配地位的、并且影响深远的特性（Lewis, 1991）。最后，尽管从土地中获利是市场的必然逻辑，但争论的议程、而不是增长本身或许是社区中头等重要的事情。

为了个人利益而去统治别人的人性倾向是永远存在的；洛克式

（Locke，英国经验主义哲学家——译者注）的对限制这种倾向的负面影响同时保持自由的关注，是宪法讨论的中心议题（McDonald，1985）。然而，上述讨论导致了这样的结论：政治行为是基于一系列动机产生的，而且公民意识和公民参与的水平也是复杂多变的。我曾作为一个实践工作者深入观察过五个地方政府，并注意到一系列政府关注的问题和公民的意识水平。以下对这五个地方治理系统的特性进行了简要概括，用一种轶事的形式来说明社区中存在的多样性：

地方1：这个地方是莫罗奇所描述的社区类型，具有强烈的增长优先的取向（pro-growth orientation），具有一种小型的、相对不变的商人统治精英以及大体不知情的公众。

地方2：这是一个很少与城市联系的农村区域，居民希望尽可能地远离政府，并且不怎么直接关注增长问题。活跃并且乐于参与的公民首要关注的是，在他们的生活中对政府的角色加以限制。

地方3：在这种社区里，增长是人们关注的中心，与之相伴的是一种正在出现的对闹市区商业集团增长优先取向的反对。而闹市区的商业集团总是把持着城市的政治。[这个城市后来成为一个拥有大量公民参与并且具备环境优先（pro-environment）、控制增长（managed-growth]意识的中心。

地方4：在这一社区中，增长也是被关注的中心，同时伴随着公开的冲突和激烈的讨论。统治集团向新的成员开放，并且公共议程以高度的公民参与、围绕物质和经济增长的技术和实质性问题的知识的广泛传播为特征。

地方5：在这样的城镇中，人们对增长加以关注的优先次序排位较后，而对保持低税收则高度关注。虽然很少有人参与，但治理系统向所有人开放。并且大片土地的所有者阻碍着那些可能会威胁他们从发展中获利的政府行为。公民对于问题的认识相对贫乏，具有漠不关心和信息缺乏的特征。

在威廉姆斯和阿德里安的分类中,地方1关注经济的发展,地方3和地方4经历着聚焦经济发展和确保生活福利之间的一种冲突。地方2和地方5属于关注以低成本来维持传统服务的看护型的社区。

以上所描述的五个社区中,地方1和地方3是批判理论模式倡导的那种话语类型中成熟的代表。地方5中个人和组织的利益没有得到很好的表达,并且在低税收之外并没有形成特定的议题,所以除了相关的管理上的技术问题外,话语空间很小。在地方2和地方4中,公民意识和公众参与的强度颇高,在这两个地方,专家援助的方向是明确的,即把理性的专业知识应用到政治化话语之中。

虽然小而且不成体系,但这种地方社区的抽样调查还是支持着这样的结论:通用化是困难的。并不是所有的地方都由精英阶层控制,同时公民也需要通过话语来获得解放。对于那些有着相反情况的地方,又要具体问题具体分析了。人们发现社区治理的特性以及对话语的专业推进的需要各不相同,这并不意味着批判理论模式不正确或是缺乏效用,只不过其应用是依时间、地点和当地情况的不同而确定的。那么,在什么地方该模式的应用是正确的,它会产生怎样的效力呢?

话语效用

话语合法性

美国人倾向于认为:不论何时何地,只要他们愿意,他们就有权利来参与民主进程。许多人对政治可能不抱幻想,许多人或许感到无能为力，并且有些人可能会指出，国家的建立者是那些反民主的精英主义者，他们决不会有意让公众以一种平等的身份去参与统治（Dye & Ziegler，1987；Stivers，1993）。然而，美国政治和宪法传统经过两个世纪的发展之后，人们对自由参与的期待已经非常盛行，不论它是否真实（Schattschneider，1960，pp. 126 - 139）。

自由参与民主决策所体现的价值是，我们可以毋庸置疑地理解知识和政治控制之间的直接联系。事实上，在一个现代的信息化社会中，每个人都意识到了信息的作用以及人们运用信息影响政府决策结果的途径。在一定程度上，如果精英们——无论他们是属于国家的、州的，还是地方的——能够控制议程以及公众对重大问题的论争的内容，那么他们就能控制结果。但是知识传播打破了"等级制度暮年"（the twilight of hierarchy）（Cleveland，1985）中的控制关系，从而使得信息和令其公开可用的力量蔚为可观。

当公众管理者的行为不再由统治精英的利益所牵制，并且通过显示关于构想未来的可供替代选择的实质理性来平等地服务于所有参与其中的民众之时（White，1990，pp. 132 - 150），公民就有条件来创造他们所想要的变革了，不论这样的变革可能是怎样的。这种行政行为可能未必在宪法上得到明确地"合法化"。然而，就其未被人民代表加以禁止而言，它又是合法的。这就是说，获选代表（国会、州立法机关、城市委员会、村民委员会、特区政府委员会）有合法权力来阻止行政官员向人们提供自由话语的努力。他们可能按照常规、并且最终通过解雇那些犯规的行政人员来做到这一点。如果他们不那样做，行政人员的行为在概念上就是合法的，因为他们得到了那些具备相关宪法或法律权威的人们的许可。

第四章 批判理论与话语矛盾

话语介入

通常,我们认为行政人员是以组织高层的身份来参与和公众的对话的,这种身居高层的管理者与公民政策制定者相互影响,从而形成公共政策的内容。公共组织中包括了各种各样的超越边界的职位,在这些职位上公共雇员频繁或持续地与公众进行交流互动,但并不是所有这些职位都能介入到那些传达能够改变政策的信息的话语过程中。例如,在机动车职员或福利部门新进员工这样的职位上,与公众的交流就只是一种例行公事,限制在一定范围内。而且在超出当前工作场所之外的地方很少会引起变革。

不过,许多中低层行政人员已经与公众进行了很好的交流。例如,一个规划师或者工程师,就会和公民咨询委员会共事;或者,一位警方社区事务官员,就会致力于改善警察与公民之间的关系。这些人有机会就他们组织机构的任务以及对未来的展望和公民进行交流。他们同时还有机会向公众输入可能与机构本身观点并不一致的专业知识、主张和信息,这些知识、主张和信息能够让公民更好地了解并有更多的机会实施改变机构—公民关系的行动。那么,顾名思义,话语问题不仅涉及那些处于或者接近于政治—行政分界点的级别足够高的行政官员,同时也涉及这样一些人:他们所从事的超越边界的工作使得他们将其与公众的技术性语言交流纳入关于替代性政策的讨论之中。

除了那些参与到公众对话之中的公共管理者,许多人并不直接与公民交涉,但是却投身于公共行政领域中的建设性变革中。虽然批判理论集中关注作为改变政治权力分配手段的话语,但是还有其它的方法促成可供专家和公民决策者使用的知识库,并增加决策的合理性。在关注作为社会变革的一种工具的与公民对话时,我们缩小了受影响的公众管理者的范围,但是在从事那些不包括公共交往的工作岗位时,他们可能会带来重大的变革。

批判理论模式把话语设想为开放公共议程的一种技术,它使得公共议程面向公民的广大群体,从而对抗统治精英的利己主义控制。然而,统治主体可能表达了多种多样的、具有广泛代表性的观念,而不是表达一个整体化的精英集团的观念,因此,专家除了向普通公众、也向治理主体提供了充分自由的讨论的好处。在下面给出的例子中,与公众的话语交流逐步产生了更具代表性的政策制定过程,并且在一些地方(像先前所描述的"仲裁者"城市),公共议程可能以公开论辩为特征。作为话语推进者的专家角色在仲裁者城市中与在精英主导的社区中是不同的,但是这种理性专业主义的价值仍是相当重要的,因为仅仅基于权力竞逐的公共对话太容易陷入派系控制之中。在一系列政治背景下,专业的信息提供和开放话语的创建仍然很有价值,并不是所有的政治背景都适合那些旨在反对整体政治精英控制的公民行动模式。

行政官员—公民互动的结果

公民参与在一段时间内曾被当作改变司法政治议程的一种工具。不顾地方政府官员的意愿,允许公民影响程序运转,是 20 世纪 60 年代和 70 年代国家政府首创精神中的一大部分(Ross, Levine, & Stedman, 1991, pp. 163-193),并且是地方规划中的一种常见技术。运用公民参与寻求社会变革的取向,在规划之类的职业中已经十分明显(Forester, 1980)。豪和考夫曼(Howe and Kaufman, 1979)发现城市的规划者更乐于去克服既定的权威框架,来达成他们认为有效的目标(即使他们的上司并不这样认为)。受访的许多规划者认为,帮助市民群体推翻基于其司法权限的官方行为,是可以接受的（Howe and Kaufman, 1979）。

虽然公共行政人员常常利用公民参与来抵消当局所享有的政治优势，但是也没有必要确定一种制度上人们普遍接受的职业行为模式。为了让启蒙和解放发挥作为公共行政的哲学指南的功能，人们必须使其扎根于职业实践的规范中，被专家和他们所服务的公众确认为关于"公共议程如何运行"的一种标准、日常的部分。如果在改变政策结果方面话语无效的话，那么"这是不是一个好主意"的问题就变得难以回答了。

本着承认"管理者所述故事"的价值的精神（Hummel，1991年），举上文描述的五个地方之一为例，或许可以说明话语的效用。许多实践者有过相似的经历，之所以只列举这样的事件，是因为在讨论本文的相关主题时，我有一定程度的发言权。在地方1中，我曾担任规划师的职务，任务是制定一份全面的土地使用计划。社区的治理主体和商业社区有一种强烈的发展优先倾向，并习惯于在没有任何挑战的情况下控制公共政策议程。这种治理组织相对较小，有相对固定的成员，并且在运用使其成员受益的方式对社区事务加以指引的过程中显得卓有成效。

作为规划的一部分，按州法律的要求，组成公民委员会是要帮助准备计划草案的。委员会是社区之中广阔的社会经济和地理区域的横截面的代表。当它的成员在考虑类型、时间、发展的定位等问题时，他们倾向于在环境的敏感度和合理经济之间寻求一种平衡，这与治理集团的高增长取向形成了对比。治理集团对这种挑战的反应可能是：阻止规划进程，指派一名身为商业委员会成员的代理人、让他在公共会议上说明委员会的观点，并且引导公民委员会根据他所作的说明来改变其提议。

作为部门职员，我负责向委员会提供制定有根据的（但在政治上是不可接受的)决策所需的充分信息。我还因此被人们视为一名多少有点被误导的捣蛋虫,我应当被更多关注是因为有与治理集团的主导价值相违背的反常迹象。很清楚的一点是,我能否继续被聘用,将间接地取决于对公民团体的动议的软化效果。这使我置身于这样的境地之中:我必须说服公民委员会成员改变其动议(他们提出动议的根据是由其价值偏好调和的对实际信息的解释)以符合一小伙商人的经济利益。对一些委员会成员来说,这是很难接受的。因为委员会是普通公众利益的公正代表者,并且其成员可能很难理解为什么有一小伙人可以凌驾于他们的工作之上。

  这种利益冲突产生的最终结果是一个双方都完全不满意的计划。尽管如此,这个计划还是以一种很容易理解的形式,说明了制定有根据的决策所需要的信息,这些信息之前可能仅以一种碎片化的方式出现,并且所采纳的政策使社区转向更加关注环境而反对市场价值。或许最为重要的是,公民委员会成为一个公民参与的新群体的核心。相对于某些传统的社区领袖而言,这一群体对公众利益和社区幸福有着更为广阔的视野。人们介入政策制定的范围已经得以扩展,并且公民参与被更多人接受,将其视为政策制定的一部分,虽然人们仍然对公民参与抱有一些忧虑和怀疑。

  在这种情况下,通过话语而获取的公民解放模式拥有了实质性的力量。统治精英感觉受到了威胁,而且其长期影响还包括更强的公民意识与吸纳了更广泛多样的社区观点的统治结构。如果公民没有被给予话语机会,那么人们会很难估算在这一插曲之后通过的政策和原本要发生的事情之间的差异,到底增加了多少;这种增加可能是明显的,但不会太大。然而,在衡量"公民如何看待其自身以及他们与所处社区之间的关系"中自由话语的有利影响,与衡量具体政策变革中的有利影响这二者之间,其重要性可能是不相上下的。

第四章 批判理论与话语矛盾

在努力协助创建一种关于公众讨论的民主决定议程的过程中，公共行政人员所面临的风险是实质性的，这也是需要有很大的勇气才能做到的工作。在地方层面上，增长机器之类精英集团会运用权力，阻止人们对未来的替代选择进行思考。这种权力是相当大的。对于公共行政人员来说，关于话语的批判理论模式的运用，是一个庄严的实施过程，而且还涉及两种类型的危险。其一是行政人员的职业生涯所面临的危险：如果机构的领导十分在意行政人员的行为，那么他们可能会采取惩罚性的举措；另一种危险来自话语过程所产生的结果的不可预见性，因为行政人员充当的是专业信息提供者而不是作为话语的执行者，去追求预定的具体目标。那些能够通过开放交流来理解他们所处的环境并采取行动的公民，可能不会认同专家的价值偏好。他们的工作可能会直接指向目标，而这些目标在专家看来就规范而言是不正确的，或者可能超出了他们作为参与公众的权威和任务的边界。总之，话语的权力越大，危险也就变得越大。

有益于话语的情形

由于确信公民自主的价值远远大于任何特定的具体政策目标，所以根据启蒙和解放的批判理论模式来行动的行政人员，会接受结果的不可预知性。这和把公众利益界定为个人利益集合的公共选择模型，不是同一回事。公共选择模型仅仅要求公民通过衡量自身利益与公共政策的冲突，并选择那些能够提供最大好处或者对自身利益造成最小危害的提案。在批判理论模式中，公民可以把自身利益作为一种决策工具，但是他们还必须与其他公民和公共机构的代表们相互影响，并且学习和评价与决策相关的信息，同时思考对他人及自身的影响。在这样一种背景下，个人利益的实质很可能会发生变化：引导公民运用、而不是脱离自我中心的优势的决策，成为了一种更有根据的自身利益。在这样的决策中，公民将更大的社区作为其私利的一部分，纳入考虑范围。这不需要公民放弃个人主义的意识，或者放弃对政府在社会中扮演角色的批判视角，而是要求公民更为理性地决定个人与集体社区之间的预期关系。

启蒙和解放需要自由、开放的话语。对于发生于公民之间、以及公民和公共行政人员之间的自由、开放的话语而言，其实没有必要拥有一种"理想的"情形（像尤尔根·哈贝马斯所构想的那样）。这种"理想的"情形"假设了一种特定的对称性（symmetry）与交互性（reciprocity）。对称性与发起交流及作出决断的平等机会相联系，而交互性则涉及表达意愿和感觉的一种平等机会，并为公平分配机会提供一种保证"（Rasmussen，1990，p. 64）。

在这样一种理想背景下，人们能够撇开标志他们在日常生活中彼此间差异的政治、经济和社会条件，并且在公平竞争的环境中实现交流——在这样的环境中，每一个人对真理的诉求都得到平等的尊重。然而，在关于公共问题的话语的典型背景下，参与者们带来了他们的个人特性和利益议程——我们不仅不能将这些弃置一旁，而且个人特性和利益议程事实上还是他们聚集的原因。除此以外，法律—体制情境束缚了行政人员和公民的行动；他们不是在真空中而是在正式框架下对话语加以引导。这一框架由法律、程序、财政以及符合司法权限的统治主体的利益和意愿构成。

在典型的公共背景下拥有自由、开放的话语，意味着公共行政人员必须帮助创立一种信任的氛围，这种氛围不仅仅是有一种一般性的情感意识，而且还是作为参与其中的公民的一种期望，即他们将被当成参与公共事务的重要角色，而不是需要安抚、指派、导致对预先决定的机构议程予以同意的令人不安的刺激因素。完成这项事务的公共专家把参与性的民主视为专业实践的核心价值，而并非作为"一种商业运作的成本,它们是统治的本质和目标"(Adams et al. 1990,p. 232)。

这意味着行政人员必须放弃利用"神秘知识和熟练技巧"(Schon,1983,pp. 226 – 230)来控制话语的强烈愿望。这种愿望,是要通过组织权威或专家语言而不是通过在很大程度上放开控制来加以实现的。而放开控制的前提是,公众关于可获取的相关信息能够加以充分考虑。就像福克斯(1992,p. 13)所说的,专家避免"为了模糊的意图和对外行的排斥来使用特殊化的技术性知识"。相反,他们的做法使得专家的角色在公众面前陷入两难境地,在完成组织任务和建立与公众之间的建设性关系之间难以平衡(Schon,1983,p. 233)。通过这样的做法,他们尽可能真实地描述基于话语背景的利益、议程以及制约因素,说明在法律领域内潜在行为的边界,提供包括可替代行为选择在内的基本技术信息,鼓励公民为他们自己决定如何在既定的限制性条件下继续前进,并提供讨论上的自由参与。

86

结论:批判理论的实际应用

这样一种关于自由开放的公共话语的想象,并不是在任何情况下都可以在整个公共服务领域内适用的。社区的话语时机是千变万化的。同时,顾名思义,本文探讨了行政人员的角色,他们在特定职位上开展与公民(或与其他专家)开展有意义的话语交流,其中也包括那些希望运用这一职业通过启蒙和解放来使变革成为可能的人们。美国各级政府的复杂程度各不相同,其内部功能多种多样,这就使得很难对公共行政加以普遍化,即使是在这一被严格定义为潜在变革机构的行政人员数量的范围内，情况也同样如此。

本文的讨论支持着批判理论的两个前提：其一，政治系统经常由精英所主导；其二，话语能够导致结构性的变革。这里所呈现的公共专家的观点是自相矛盾的，表现出一种冒险和勇气的特征，但仍然潜在地具有价值。专家通过发布这样的观点得到合法性和权威，通过在这样的观点中维持专家角色的社会认同，从而成为话语的一部分。他们在服务其政治主子的同时，充当着政策制定能力的民主再分配的工具。

对批判理论而言，想要在抵制阻碍民主进程的统治模式方面具备普遍广泛的、合乎预期的实践效果，就必须有意识地塑造实践者的日常工作。阿格（1992）主张一种"基于生活世界的（life world-grounded）批判理论"，"试图确认抵制和改革已经发生在我们所有人置身其中的日常生活里"（p. 219）。那些把批判理论的观点当作行动指南的实践者成为服务于公民和政府主体的专业知识的"解说者"（Box，1992），成为一种"社区主义的促进者"，他们将"注意力从顾客的'远端'环境转向工作群体面对面的'邻近'环境"转化（Catron & Hammond，1992，p. 246）。

在批判理论领域内公共专家的这种"解说者/促进者"的角色使用着强有力的、然而间接的技术。它同时包括了两个方面：其一，由20世纪早期的改革运动所信奉的一种专家技能因素；其二，激进主义分子对民主渠道和统治力量之间均衡化的关注。这种角色不需要在专家和政府制度之间的关系上进行普遍化的重新调整，也不用在实施工作之前提出改变美国社会系统的诉求。相反，无论在哪里，只要公共领域中的专家愿意假定存在相关的挑战和危机，它就会对理性的民主决策加以推动。

在那些被统治的人们能力所及的范围之内，运用专家和目的理性的结构来控制复杂的现代社会系统,或许看来像是一项毫无希望的计划。在当代社会体系中,"民主就像我们做的任何其他的事情一样,它是无知民众和专家合作的一种形式"(Schattschneider, 1960, p. 134)。然而,由于通过让渡权威,公共行政专家或许能够自相矛盾地获得影响力;同样自相矛盾地,他们也可能回归到肯定启蒙和解放的价值的美国公众所持的一种较早期的观点之中。正如托马斯·杰斐逊(Thomas Jefferson)说的那样,"不论在哪里,当人们拥有充分的知情权时,他们就会信任自己的政府",同时,"如果我们认为他们[即人民]没有获得足够的启蒙,从而无法用有益的自由裁量来实施他们的控制,那么补救的方法不是将决定权拿走,而是要通过教育来使他们获得自由裁量的能力"(Mathews, 1984, p. 88)。

第五章　实用主义话语与行政合法性*

作为治理过程中公共行政的一个方面，合法性一直为美国社会所关注。对这种关注的回应包括：通过界定"官僚机构应该做什么"来对其进行控制；通过提高其相对于政府其他部门的地位来使其摆脱控制以及将其限定在微观层面上的类似于市场管理的技术中。基于实用主义，O.C.麦克斯威（O.C. McSwite）的话语理论认为，美国政府的合法性可以从对公共行政人员指导性角色的强调转换为对"行政人员如何通过与公民合作来协助创建社区"的思考。本章部分地基于批判理论，对麦克斯威的研究作出评判和延伸，并提出主张：为了通过协同话语来恢复行政合法性，或许有必要对自由资本主义政治环境的本质予以承认并作出回应。

公共行政在治理中扮演着重要的角色，这不仅体现在公共行动连续统一体（continuum）的执行方面，而且也体现在决策方面。虽然之前有人已经对此予以承认（Waldo，1980），但在美国社会中这始终还是个问题。在美国社会中，人们普遍对政府、掌握强权的官

---

* 载于《美国公共行政评论》，2002年第1期（3月），卷32，第20—39页。版权属于2002年塞奇出版有限公司（Sage Publication, Inc.），获准转载。

员、尤其是非民选的行政人员的控制心存警觉。在公共行政学的文献中，这种态度得到了体现——其中的一种方式就是对民主社会中的职业、非民选官员"合法性"的关注。

对于这一关注有若干回应。其一，通过设置"公共行政人员应该做什么"的边界来控制官僚机构（Finer，1941；Gruber，1987；Lowi，1993；Stewart，1992），或者把公共行政人员限定在一个传统的、法制的框架中（Lynn，2001；Rohr，1978）；其二，把行政部门从民选议员的工具这一地位提升到平等的制度伙伴的高度（Spicer & Terry，1993；Wamsley，1987）；其三，通过经济模式的应用重申政治和行政的分离（Moe，1984），聚焦于作为起点的公共官僚机构和管理方面的微观视角，而对民主政治中公共行政的微观立场所给予的关注则相对较少（Kirlin，1996）。

这些对合法性关注的回应，将核心放在控制问题上：要么是公众坚持更多地控制官僚机构，要么就是行政人员希望摆脱控制。上述第三种回应——在公共领域中运用经济模式，是一场对于工具性技术的可理解的运动，并且偏离了实质性问题的讨论。说它是可理解的，是因为这是在一个施加政治压力以提高效率表现的时代（Miller & Nunemaker，1999），可以给予那些注意力短暂且对政府持有怀疑态度的公众以即时的满足（Fox & Miller，1995；King & Stivers，1998）。尽管如此，考虑"在更大型社会里的社会和价值冲突"（Ventriss，2000，p. 502），和集中关注"经济且有序的途径"具有同等的重要性（p. 515）。

与这种强调控制官僚机构的背景相对，有人提供了关于行政合法性的一种可供替代选择的或者说是补充性的主张。它不需要放弃控制的观念——这一观念将可能以某种形式一直与我们同在。这种可供替代选择的主张认为，行政合法性是由公共话语参与者达成的相互理解的产物。就其在展望未来和依靠社会互动来创建非根本性的、作为工作假设的"有益的一阶叙事"（edifying first-order narrative）（Rorty，1991，p.212）而言，它是符合实用主义的。它同时还具备批判性的一面，因为在促进话语和分享替代性实践知识的过程中，公共行政人员可以给予公民机会，把公众愿望的构成引导至挑战现状的新的方向之中。

作为在管理技术与效率的狭窄范围以外的、恢复公共行政意识的一种方法，"话语理论"（Farmer，1995；Fox & Miller，1995；Mcswite，1997）正在公共行政领域中涌现。它力图使公民和官员免受具体化、理论成见和制度的约束，允许他们在目前的话语背景中重新塑造他们自己和他们的制度安排。这一理念并不新鲜，但它从实用主义、后现代主义和批判理论出发，聚焦于话语和理论构建的应用，提出了思考老问题的新方法。

这里所讨论的合法性的替代主张，把注意力从在官僚机构的控制背景下的合法性移开，转向公民对话背景下关于行政合法性的构想以及为集体行动释放对社会状况与可能性加以新的理解的潜力。接下来的叙述回顾了人们在公共行政领域中讨论的一些话语理论，然后聚焦于O.C.麦克斯威基于实用主义的研究论著上。笔者部分地运用了对公民所知道的以及官员所能提供的信息的批判性分析，对麦克斯威的论著进行了一些可能的衍伸。文章最后提出，在特定的话语背景中，行政部门的合法意图不是通过预先决定的角色而是通过协同行动得以提示的。

因为公共行政中的话语理论涉及好几个作者的研究，所以对其加以概括的时候要小心谨慎。辛西娅·麦克斯威（Cynthia McSwain）与奥利安·怀特（Orion White）的研究（其研究别具特色，并且署名为O.C.麦克斯威）、查尔斯·福克斯（Charles Fox）与休·米勒

(Hugh Miller)的研究着重于话语进程,而大卫·约翰·法默(David John Farmer)则从多元理论的视角出发提供一个在政府系统中的相互关系的广阔见解。话语可以包含公民、官员和当选代表之间合作的多重背景。它或许涉及个人之间、小团体之间或大团体之间的交流,或许在重要时期中显现,又或许囊括了会议和电子通讯之类的媒体组合。

虽然即使在共性领域中著述者们都存有分歧,但是话语理论家们所围绕的主题还是大体包括了:对元叙事的反本质主义的拒斥(对任何单一的理论或现象描述的优先性和客观性的不信任)、关于知识的建设性观念(作为人的思维的产物而非由外部世界所给定),以及在开放的话语背景中对自由和不受强制的交流的追求。在这些背景中,人们能够讨论下一步要怎么做,相对地不受制度或功能理论所施加的价值和预见的束缚。据麦克斯威(2000,p.55)称,人们通过一起解决问题的互动过程造就了他们自己,而对于功能主义者(和政治理论中的古典自由主义者)而言,预先的个人的利益整合决定了话语的过程,或者夸张地说,他们是"被价值观所操纵的机器人"。

除了这些非理性主义(不是反理性主义)、后现代主义思想之外,在话语理论家对导致话语对策的问题性质的概念化中以及在那些对策的基本内容中也存在着分歧。福克斯与米勒(Fox and Miller, 1995)在后现代"苛刻"的现实条件下描绘当前的社会形势,在这种现实里术语和概念越来越多地和"真实的"话语相分离,社区的真正感觉只存在于小型的、本地化的飞地(enclave)之中。这使得"民主愿望的形成和政治话语问题越来越严重"(p.7)。福克斯与米勒担心,"民主制的代议制民主责任反馈环模式"(p.4)——其中集聚的公民偏好倾向于选出代表来任命官员执行他们的政策,是一种不适当和不民主的执政方式。例如，除此之外，舆论的操纵、华盛顿游说者的媒介攻击，以及地方政府通过经济利益所实施的控制（pp. 16–17）。

福克斯与米勒（1995）认为，并不是每一个人在每一问题上都会介入话语进程。期望他们每个人能够或者想要参加，就像是被福克斯与米勒形象地描述为"绕开不利的具有政治优势的专家和与公民自身开创共同事业"（p. 33）的不合理的社群假设。福克斯与米勒认为"有权势的人能够确保某些人士被排除在讨论之外"（p. 10），因此与人人参与相反，由选举出来的少数人决策，在民主的背景下是不可接受的。这样，我们会发现我们处在一个某些人参与的社会状况中，并且这是一件专为他们创造的事情，就像尤尔根·哈贝马斯"理想言说"的情形。借助汉娜·阿伦特（Hannah Arendt）的研究，福克斯与米勒把公共话语刻画为带有"论争"的性质，这意味着讨论将为人们"努力解答下一步要做什么"（p. 11）。为了向话语进程提供"规则"（discipline），福克斯与米勒建议用四个"授权令"来进行话语设置：诚意，与局势有关的意图、意愿关注和实质的贡献。公共行政人员在创造话语可能性过程中扮演着积极的角色（依据 Harmon, 1981），但这并不容易。这是因为，对那些从技术准则指导实践的中立能力的保护伞下向外窥视的公共行政人员来说，"生活更为复杂了"（Fox & Miller, 1995, p. 157）。

法默（2000b）的研究在分析层面上涵盖了比话语背景要广阔得多的领域。在论述忽略了"作为人的重要因素"（p. 81）的各种话语时，他指出，"旨在优化收益的、构成经济或资本主义机器的话语，这就是一个例子"（p. 82）。在较小规模的公共行政领域中，法默的"反行政"（antiadministration）概念与其他话语理论家有颇多相似之处，这一概念提供了关于公共行政和后现代主义的内容广泛的评估。

就"反行政就是被动执行"的情境而言,政治政府系统将会更为流畅地、更具尝试性地、更加开放地对待不同的观念。行政官员倾向于建立公民的社区意识来创造更大型的工具理性的官僚机构。法默(1995,p.244)关于"后现代的行政官员很可能是熟练于实践和发展反行政意图的人"的论断中,包括了"对'其他人'的开放",这涉及反权威的管理、服务态度、公开决策、避免将官僚态度和行动强加于社区,以及"当地社区行动中的微观政治"(p.245)。

此外,反行政还涉及抵制既有的权威:公民或行政官员可能投身于对"被管控的生活"(the administered life)的"拒斥"(refusal)之中(Farmer,2000a)。拒斥的语言源自批判理论家赫伯特·马尔库塞(1964,pp.63-64,pp.254-257)。相对于大规模的社会行动而言,这是马尔库塞"支持个人反抗"(Kellner,1984,pp.373)的一维,虽然两者都包含了解放的形式。顺便提一下,当把法默关于被管控社会的观点与托克维尔关于受控民主的观点进行比较时,可以发现其中包含着的人们是:

> 相似而且平等的,不断地用他们压抑的灵魂去追求琐碎且平凡的乐事……在这类人群之上存在着一种巨大的保护力量,仅仅负责促成他们的享受和守护他们的命运。那种力量是绝对的、周到的、有序的、有远见的和仁爱的。
>
> 因此,它逐渐使得自由选择的运用更加无用和更加罕有,在更狭窄的范围内限制自由意志的活动,并且一点一点地逐渐剥夺每位公民对自身能力的正确使用。(Tocqueville,1969,p.692)。

麦克斯威(1997,pp.43-52)认为,控制的合法性包括了这样的理念：统治意味着由立法者和行政官员创建并执行"政策"的过程。即是指，对每个人来说会受到平等对待的固定的、系统化的、标准化的、程序化的既定方案。这些政策和程序都由立法者或管理者作为"指导意识"（guiding consciousness）加以操控，以寻求现实和有效的结果。为了保持这样一种系统的运行，公民们必须愿意仔细考虑选举领导人及其专家的程序，"最终使我们对统治的参与委身于粗糙的选举手段和利益集团"（p.51）。这是"理性人"（man-of-reason）的现象，其中，有些人坚持用控制来使得理性的、划算的结果最大化，员工们能够顺应要求保持责任感，并且政策的结果是合理的和一贯的。

在麦克斯威（1997）的论述里，这种情形是公共行政领域误建（misfounding）的产物。建立在工具理性上的集权的、以利益为基础的政府（"联邦主义"政府）在与对立的具有对话传统的、地方主义的、协作的社区关系（"反联邦主义"政府）的竞争中，已经成为赢家。这样一种误建需要某种程度的目的和意愿，即使用权力将主观性和关系从公共治理领域中排除出去。在麦克斯威（1998年）看来，当人们对似乎失败的"公民参与"（citizen participation）作出回应，通过采取"技术控制"（p.273）措施来处理社会系统中的问题时，情况正日益恶化。麦克斯威关注的是，由古典自由主义者践行的"经济理性"（economic rationalism），"将会给我们带来这样一个世界：它将我们所有人都置于效率准则的支配之下，以用最低价格获取一切事物为衡量标准"（第277页）。

麦克斯威（1997）的话语对策中包括了一种被称为协同实用主义（collaborative pragmatism）的"过程理论"（process theory），这种"过程论"源起于"协作社区、慈善和社会一致性"的精神（p.16），它吸收了玛丽·帕克·福利特（Mary Parker Follett）论著中的实用主义观念（［1918］1998），例如，在她的《新国家：作为公众政府解决方案的集团组织》一书中，她提倡将"群体进程"（group process）作为个人主义、政党和利益，以及代议制选票箱民主的替代选择。与迈克尔·哈蒙（Michael Harmon）（1981）的"行动理论"（action theory）相应，麦克斯威的话语过程理论强调了面对面的挑战和对下一步行动共识的寻求，而不是采取先入为主的角色定位。协同实用主义意味着人们联合起来，以寻求行动的共识，不受历史、价值观念与具体制度结构的限制。与预定利益的个人化行为方式不同，人们发现他们自身在互动的话语背景以及和"其他人"的相遇中受到了改变，这与公民权利的基本自由模式和人性是一致的。这种公民在联合行动中发现意义的过程，与资本主义民主——作为一种利用生态系统来制造"以最低代价获得最大程度满足"的有效途径（Mcswite, 1997, p.274）——形成了对比。麦克斯威（1998a, p.277）希望，协同实用主义将有助于解决"社会多样性和种族（在广泛意义上的）冲突的迫切问题"。

理论的局限

有一些作者出版了新的论著，加入了关于话语的讨论。其中包括：阿瑟·西门特利和理查德·赫佐格（Arthur Sementelli and Richard Herzog, 2000）关于话语理论和预算编制、斯科特·弗兰克（Frank Scott, 2000）关于工具理性主义与话语理论中的非理性人际关系、帕特里夏·帕特森（Patricia Patterson, 2000）关于话语权是否排斥缄默者，以及谢里尔·西姆拉尔·金（Cheryl Simrell King, 2000）关于包括说谎和叙事在内的理性与非理性途径等问题的探讨。

此外，其他公共行政领域中的学者也已经使用与话语相关的主题来讨论公民参与治理的问题，其中包括卡米拉·斯蒂福斯（Camilla Stivers，1994，2000a，2000b），金和斯蒂福斯（King and Stivers，1998），丽莎·扎内蒂（Lisa Zanetti，1997）和理查德·博克斯（Richard Box，1995，1998）。

然而，人们在加入发展话语思想潮流的过程中，要对自己的规范性的和认识论方面的假设持谨慎态度。麦克斯威（1998b）将他们所主张的话语理论的版本与"新规范主义者"（new normativists）——包括诸如菲利普·塞尔兹尼克（Philip Selznick）、本杰明·巴伯（Benjamin Barber）、迈克尔·桑德尔（Michael Sandel）和安东尼·吉登斯（Anthony Giddens）之类的作者——进行了对比。麦克斯威同意这些作家的观点，认为价值观是主观的、不能明确界定的，但不同意他们所说的"在由机构提供的权威（合法）领导和过程的安全情境之内，他们周围出现的分歧可以得到解决"（p.379）。在麦克斯威看来，话语理论的目的，就是从当前的制度性结构和实践之外引入公共讨论的理念，而不是将其当作规范性的基础加以接受。

认识论问题和规范性取向问题同样是微妙的。肯尼斯·汉森（Kenneth Hansen，1998）指出，福克斯和米勒（1995）的话语授权取决于"旁观者清"（eye of the beholder）的问题；也就是说，它们是一桩涉及主观解释的事情，并且因此不用在话语背景正常运行时帮助人们对其加以确认。汉森（Hansen）对此予以纠正，作为替代，他提出三种"经验主义的话语对象"（empirical referents of discourse）：包容（联合建设、外界认可及社区推广活动）、自律（领导选举的授权；关于运行标准、规范和程序的谈判；以及技术——诸如：是圆桌会议，而不是演讲或提供鼓励多向的而非独白式沟通的免费号码或电子邮件地址）以及政策输出（旨在采取行动的组织发展、充足的资金、完整的战略计划和执行证据）。

对汉森（1998）作出回应的是米勒（Miller,1998）和怀特（White,1998）出版的论著。怀特担心的是，汉森的经验主义使我们回到过去让公民参与治理却不改变制度本身的失败尝试，因此作为转型过程的真正的话语还从未发生。怀特指出，话语是"互相作用和令人回味的"（1998, p.473），而且"当话语开始运行并赢得其自身活力（如果它要产生作用，它就必须拥有其自身的活力）的时候，人们就不能只在客观上或任何其他意识条件上对其加以理解"（p.475）。有趣的是，怀特把福克斯和米勒（1995）的理据仅仅视为是要避免滑入汉森所主张的传统经验主义的泥淖而已。

米勒（1998）对汉森（1998）的经验主义对象进行了批评，他指出，领导人选举可以轻易减少实质性问题的讨论，因为它可以产生更大的民主，并且，他反对汉森关于有效话语必须产生政策输出的主张，而认为"有时候，对行动加以预防将是彰显民主运行的更好的迹象"（Miller,1998, p. 463）。但是，米勒与汉森的首要分歧在于，汉森已经按照假想，为那些或许能够得以（恰如其发生地）成功描述但却不能预测和控制（如果它们要得以继续的话）的事态建立了客观的测量标准。米勒明确指出，他并不是在反对那些将要记述话语过程特点的研究，而是要反对那些试图预先决定什么话语应该被关注的研究。汉森则陷入了思维的陷阱：人们可以"在远离参与者的象牙塔里"获得真理。如果汉森的研究得到很好的构建，使得"人们能够将他的研究成果倒过来作为一种对话语的实质性贡献回馈于社会"（p.464）的话，米勒原本可以更好地感受到汉森在研究中所付出的努力。

针对把话语纳入传统公共行政的经验主义主流之中的尝试，上述这些回应有助于人们理解话语理论所隐含的基础性假设，在此所讨论的一些著述者已对这些基础性假设进行了介绍。他们的话语过程不受规则和结果期望的预先设定和限制。这一过程不是需要"被结束"（gotten through）才能继续执行某种程序的事物，它无论如何都将发生；它也不是一种通过战略规划、发现单一的行动路径的方式。从我们中那些支持话语方法的人们的观点来看，这些都是需要学习的好东西。不过，它们也是值得警示的教训，因为在话语理论中我们可以接受的概念化的范围看来也是有限的。

实用主义的效用

人们非常关注那些讨论福克斯与米勒（1995）对哈贝马斯式话语依据的使用的文献。本文在此的意图是要更充分地探究麦克斯的研究，一部分是因为它是以实用主义为基础的，而实用主义在美国对知识和行动都非常重要；另一部分则是因为它表明了一种特别强烈的理据，反对公共政策制定和执行的客观性、确定性和传统观念。当我们承认特定的一些社会条件和我们或许感觉要对其加以变革的愿望时，我们需要仔细审思一下，保持实用主义以未来为关注焦点（而不是聚焦于过去的观念和结构）是否可能。

这是对麦克斯威话语理论的一种友好的探讨。我很赞同怀特（1998，p.471）的见解。他认为，将话语理论引入公共行政领域是"非常有帮助的，也许它可以将人们从完全被基于的理性选择的思想标签的笼罩中拯救出来"。本节的讨论将麦克斯威对我们面临的挑战和把我们带到此处的历史所作的分析，和他们（麦克斯威）应对变化的对策"协同实用主义"进行了比较。我们所持的主要观点是，这样的对策可能不足以面对挑战，而协同实用主义模式的扩展则可以帮助人们处理这一问题。

麦克斯威在源于财富、权力和集权力量的胜利的技术的、市场驱动的环境中，描绘了当代公共治理的背景。协同实用主义的话语进程似乎自由地漂浮在其自身的时间和空间里，基本上未受——利己主义尘垢、精英出于自身利益的控制、以及鼓励人们接受以消费主义经济机器为最高利益的自由资本主义社会意识的冲击的——影响。

麦克斯威（2000，pp. 47-48）将其实现完全透明的沟通的乌托邦式的观念与卡米拉·斯蒂福斯的观念进行了对比。据麦克斯威所说，卡米拉·斯蒂福斯对设法使自己适应话语权力的现有模式和使得公民和官员可以形成更好的关系感兴趣。很多人会发现他们自己与麦克斯威一样期待"理想的"沟通。他们还可能会觉得：实现这个理想的行动，需要关注人们生活的日常现实，以及他们能够得以参与真实话语所需要的事物。为了适合米勒（1998）在他对汉森（1998）的回复里所用到的隐喻——要摇动公共治理之犬的话语的尾巴，可能需要承认这只狗所处环境的艰苦性质。

协同实用主义建立在哲学的实用主义基础之上。哲学的实用主义被人们批评为对周围的社会现象持冷漠态度和工具性立场。实用主义者毫不掩饰其哲学的"工具"性质。据威廉·詹姆斯（William James，1907，pp. 54-55）称，实用主义哲学包括"将注意力从初始事物、原则、'类别'、假想中的必要性上移开的态度；以及为最终的事物、产物、后果、真相作准备的态度"。在对理论和行动结果的探索中，詹姆斯提出一个问题并发表了这样的断言："如果这个或那个替代方案是正确的，那么我们所处的世界将会在哪些方面上有所不同？如果我发现没有什么将会不同，那么替代方案就毫无意义了"（p. 48）。从这个意义上说，实用主义是理性主义的反面，它假定在调查之前没有预设的立场，并且只起到纯粹的工具作用。正如詹姆斯所说，实用主义"不代表任何特殊的结果。它只是一种方法"（p. 51）。詹姆斯引用意大利哲学家帕皮尼（Papini）的比喻，指出实用主义"存在于我们的理论之中，就像酒店的走廊一样。它通向无数的房间"（p. 54）。那么，对于詹姆斯而言，实用主义似乎不是解决问题的方法，而是作为"为更多工作而配备的程序，并且更特别地是作为变革现实的途径的一种表征。理论因此成为工具，不是我们可以依赖的谜题的答案。我们不是倒回去依靠它们，我们前进，并且偶尔通过它们的辅助使自然反复演现"（p. 53）。

刘易斯·芒福德（Lewis Mumford）（1950a；1950b）把实用主义者约翰·杜威的工具性哲学描绘成对现状的软弱和默许以及缺乏远见的技术胜利。在芒福德看来，实用主义脱胎于通过科学和实验抛开过去褪色的理性主义，并创造一个全新社会的美国经验。芒福德认为它到目前为止状态良好，但是问题总是存在着：人们服务于何种价值观以及实用主义者如何选择他们所倡导的价值观。

实用主义的工具性并不妨碍实用主义者拥护那些暗示着变革需要的社会观点。C. 赖特·米尔斯（C. Wright Mills）认为，杜威忽视了人们之间的差别，他所坚持的是一种由社会冲突和权力关系的现实所遮蔽的幼稚的民主观念（Campbell，1995，pp. 225 - 265）。杜威认为可以通过把人们聚集起来进行"协作调查"（cooperative inquiry）从而看出我们应该做什么来解决社会问题。对米尔斯来说，"对我们的形势所作出的更准确的分析，使我们意识到：个人或团体的利益常常是别人的祸害"（Campbell，1995，p. 243），所以"一种更加现实的分析将认为社会行动就是斗争"（p. 241）。不过，据坎贝尔的说法，杜威并没有忽视社会状况而且相信"人们被系统地误导和宣传了，他们在其工作生活中被异化并在其经济关系中受到剥削"

(p. 227)。

当代实用主义者理查德·罗蒂（Richard Rorty, 1999）探讨了这样一个问题：通过使哲学和社会行动分离，而获取知识的实用主义途径对于解决社会问题是否有用。罗蒂力挺自由社会，将其称为允许人们如其所选择的那样对其自身进行自由创造的最佳途径，但他也描写了富人和穷人之间的斗争，以及"做出所有主要经济决策的全球上层阶级之间的斗争"（p. 233）。罗蒂将"核心政治问题"确定为："在促进商业发展的同时，民主社会中的工人阶级如何运用投票的力量来防止资本家剥削无产阶级？国家如何成为防止所有财富集中于经济寡头之手的抗衡力量，而不造成官僚制度的停滞不前？"（pp. 232–233）。

在最近的公共行政研究中，出现了对实用主义的工具性的局限的讨论。丽莎·扎内蒂和阿德里安·卡尔（Lisa Zanetti and Adrian Carr, 2000）指出，批判理论家发现了实用主义的局限性：它未能理解其社会历史背景的影响及其所用的"自身即是意识形态的载体和展示"的语言。这样，一种"社会失忆"（social amnesia）开始了，在这种"社会失忆"里，"我们只剩下关于社会现实的共同看法而不是那些可能成为替代观点的东西"（p. 444）。这与赫伯特·马尔库塞（1964，p. 174）的"语言净化"（purged language）的想法相似，他认为语言"不仅被'非传统的'词汇而且还被表达任何其他的而不是通过其社会装点个人的那些内容的方法所清洗。扎内蒂与卡尔（2000，p. 448）相信，哲学"有责任——甚至有义务——在政治和权力的真实世界中弄脏它的双手"。于是，"正是由于这一原因，我们认为许多当代实用主义者最终未能达到其预期的效果"（p. 448）。

话语理论家有时似乎回避社会、制度和话语背景中的权力问题。这或许是因为人们将权力等同于具体化的制度构成，并使之与存在于不受过去控制的可能性的开放领域中的话语理想相冲突。正像麦克斯威（1998b，pp.379-380）所说的那样，"话语过程的前提是这样的理念：现状可能确实是最好的、或者确实是我们拥有的一切；然而，彼一时，此一时"。虽然这使得理想易于成为理想，但公民和公共服务的从业者仍然经常遇到涉及意识形态、议程以及偶尔无知或干扰行为的话语背景。寻找与人们带到话语背景中的负担一起工作的方法，可能是一项挑战。但与此同时，接受它却使参与者能够在他们进入话语进程时在超越他们原有认识的基础上形成新的理解。

  人们可能会感到疑惑：话语理想是否可以变得如此纯净而且远离生活世界，以致于人们不能再用它以实践的方式来思考话语背景中的日常工作。米勒（1998）指出，汉森（1998）的错误就在于，演绎地走向了假定的客观方法，跳过了构成话语的主观的、归纳的人类主题。怀特（1998，p.472）把问题表述成：人们相信"观念的差异最终可以通过基于强有力证据的给出客观标志的策略得以解决"。汉森（1998，p.451）写道，话语可以"被客观地观察"，但是在一个后实证主义者（postpositivist）看来，这一立场是站不住脚的，并且这种认识已经由来已久了（Lincoln & Guba，1985）。观察者或许可以尽量保持审慎，并如实报道他们认为人们已经看见和听见的所有事物，但他们也带来了大量的人类主观性。

  对于那些在公共话语的背景中花费时间的人们来说，十分明显，他们必须要谨慎对待概括归纳。从一种话语背景到另一种话语背景，外部影响以及参与者的个性、感情和智力方面特征的混合，似乎产生了行动与结果的无穷无尽的组合。每一种话语背景都涉及独特的人和现象，并且当话语过程中出现新的理解时，相关的制度和实践就可能会发生变革。

  另一方面，这些背景中的经验揭示了一些模式，这些模式可以作为学术著述或对实践人士有用的信息得以传播。在任何时候，人们都可以确定协同工作的共同特性，利用他们来指导他们自己的研究和实践。话语并不是那么神秘，它从未超越旨在为理解提供帮助的创造局部性、尝试性、动态性描述的人类能力。

人们在谈及一种话语背景时，总会伴随着一些关于特定社会情境的认识、伴随着理性的预先承诺（intellectual precommitment），而且伴随着"先于语言的人性条件的某些方面——如感觉、情绪、潜意识的本能习惯、出身背景、社会化过程、以及已经成为第二天性的历史经验、模式与实践"（Miller, 1998, p. 465）。

然而，在某种程度上，关于"做什么"的尝试性协议，可能会出现于某种话语背景中，使得公共雇员必须采取一定的行动。在达成一个众人都赞同的行动过程中，人们或许会将一项政策或程序视作具有决定性或强制性的，因为它呈现着在其被创造的过程之外的、为人所知的自身特性，成为超出进一步讨论范围的一项稳定不变的正式命令。基于两个理由，它可能会对运用替代性语言或修复我们所拥有的语言有用：理由之一是，我们可以了解，当公众就"他们想要实现什么"达成协议时会发生什么事情；另一个理由是，因为我们可以重新定位用来描述话语结果的词汇的意义，所以很明显，它们是公共治理中可塑的、具有动态结构的尝试。

协作与批判思想

前文对麦克斯威话语背景的理论基础的潜在局限性进行了探讨。与之相应，进一步思考话语在允许人们确认和实现一种理想未来的过程中所起的作用，将是有益的。如果充分意识到这一点，那么协同实用主义或许就会表现出许多与共产主义相似的地方。就像之前所提到的，这类似于玛丽·帕克·福利特（Mary Parker Follett，[1918] 1998）于20世纪初所主张的做法。这还与伊丽沙白·弗雷泽和尼古拉·拉茜（Elizabeth Frazer and Nicola Lacey，1993）的"对话式社群主义"（dialogical communitarianism）相似，"对话式社群主义"掌控了自由个人主义与社群主义中从众性的潜在压迫之间解释的中间环节。像其他一些女权主义作家（Elshtain，1981；Frazer，1989）那样，弗雷泽和拉茜担心，将特定议题预先确定为不适合公共讨论，会维持建立在社会现状之上的不公正。

麦克斯威（1988）写道，自由主义者害怕话语进程，因为它们可能会引发冲突并威胁到个人权利。在对麦克斯威的论著进行评论时，自由主义者肯尼思·鲁肖（Kenneth Ruscio，1998）设想了这样的场景：在公众话语中，公民质疑现行法律体制安排和讨论自由主义者更宁愿保密的话题。他担心这可能会导致"人们更多地基于有益身心健康的自我实现而非对公共（作为个人的对立面）利益的仔细考虑，从而放弃理性以及漫无边际的公共话语的制订"（p. 271）。与其所设定的前提"理性是被那些希望通过限制公共话语而控制别人的人所使用的"相一致，麦克斯威（1998，p. 278）作出的回应是，"如果我们有关系，那么我们就不需要理性了"。玛丽·帕克·福利特（[1918] 1998，p. 189）在80多年前就提出了这一关于公共—私人问题的以下观点："我们现在开始越来越清晰地认识到我们所做的工作、所具备的工作条件、我们所住的房子、我们所喝的水、我们所吃的食物、抚育孩子的机会——事实上我们日常生活的整个领域，都将构成政治。家庭生活与城市生活之间根本不存在什么分界线"。

麦克斯威对协同行动的可能性保持乐观，希望这或许能够对解决多样性和种族斗争的问题有所帮助。在某种程度上,麦克斯威之所以能够保持乐观,是因为他假定当前的技术专家时代可能会结束,而允许"反联邦主义者"所主张的传统的、协同—共和的社会模式重申其作为独立的权利承担者反对关于公民的联邦自由主义观点。然而,这种乐观的假定可能是靠不住的。虽然宪法辩论中涉及一系列问题,但戈登·伍德(Gordon Wood, 1969, pp. 484 – 485)写道,"这最好能被人们当作一个社会问题来加以理解……从根本上说,争吵发生在贵族政治与民主政治之间的。"伍德将联邦主义者与反联邦主义者的冲突描述为精英和平民之间的分歧:精英倡导集权,旨在维护等级与财产;公民大众则为各种平民主义的地方观念,以及为其发展自由、脱离社会"优势群体"(betters)控制的权利加以辩护。

联邦主义者和反联邦主义者都对共和主义公民美德发表了言论和著述。理查德·西诺波利(Richard Sinopoli, 1992)表明,他们认为在确保个人权利不被他人和政府侵犯的自由主义理念的情境中,公民美德是次要的价值。按照西诺波利的看法,在捍卫诸如"地方政府的权力,以及通过办公室轮换、召回和短期任期制之类政策增强公民参与"等理念的过程中,在公民美德成为第一原则的时候,反联邦主义者就是自由主义者了"(p. 7)。在人们的预期中,这些事情"首要和最重要的功能是用来抑制统治者的权力渴求和占有欲望……和普布利乌斯(Publius)的看法相似,对大多数反联邦主义者来说,政府最重要的意图,是对被人们视为自然权利的权利加以保护"(p. 7)。反联邦主义、地方主义思想在美国仍然是至关重要的,但索尔·康奈尔(Saul Cornell, 1999, p. 306)写道,它能够"既产生自由主义、又产生一致同意的社群主义"。因此,人们不但能够用它来支持自由个人主义,也能够用它来支持协作民主。总的来说，这表明，虽然反联邦主义包含了共和主义美德的元素，但共和主义或许不是一种等待时机成熟以获得重生的长期受压制的核心社会原则。

麦克斯威（1997）指出，在联邦主义取得"胜利"之后，民主冲动在包括进步年代在内的不同时期中出现。在20世纪早期，产生过这样一种运动：人们通过创建社区中心，使人们在集会中砥砺思想、开展改革来培育民主决策（Mattson，1998，pp.87-104）。玛丽·帕克·福利特便是这一运动的一分子。福利特不想仅仅只是鼓励公民通过表达意见来参与公共事务。相反，她主张，通过在邻里社区和协同他人解决问题的层面对人们加以组织，人们就会逐渐相信"我不是为我的邻居、我的城市、我的国家服务，而是通过这一服务我成为我的邻居、我的城市、我的国家"（Follett，[1918] 1998，p.242）。

福利特通过协作的公民行动来不断取得进步的观念是难以持续的。到20世纪20年代，社区中心已经变成由专职社区工作者控制的以休闲娱乐为导向的场所（Mattson，1998，pp.120-125）。面对面的和邻里之间的协作对话消失了，"看来很少有公民关心一件公共的或共有的物品；相反，他们好像（在20世纪20年代所谓的爵士乐时代期间）被消费品和消费文化市场所带来的个人需求的满足迷住了"（p.126）。沃尔特·李普曼（Walter Lippmann，1992）指出，公众已经成为被精英操纵的消极的群体。今天我们可以在公民文化的明显衰落（Putnam，2000）和社会分裂为自我中心的"生活方式的政治"（Bennett，1998）的碎片化中找到相似之处。

从这种对历史和社会合作的有限的检验中，可以看出人们似乎还没有做好长期准备，以担负起建立一个自治社会的责任。当人们审视社会前景和社会行动协作愿望之时，随着时间的推移，人们会发现在自由资本主义背景下建立合作民主的问题是连续不断的。在20世纪早期，约翰·杜威在其评论中认为，无论其个人的民主价值如何，受到社会条件的限制，他关于协作调查的理念都是不充分的。

虽然麦克斯威的协同实用主义可能也处于相同的境况之下，但他可以说，这并不重要，因为其重点是超越控制的人为合法性、并且允许人们去实现他们所希望的集体社区的统治。这一主张所假设的一些事情可能是有问题的，包括：人们知道存在一个需要解决的问题；他们知道如何召集利益相关的人们参与；他们在问题进行讨论之前就有获取信息的途径以及他们参与的过程不会被那些感到利益受威胁的精英行动所打扰。这些都是强有力的假设。批判理论家们将会认为，人们经常并未充分认识他们所面对的问题和他们所拥有的行动选择，他们可能无法得到必要的信息来清楚地了解他们的处境。而且，如果他们的行动威胁到经济或者政治利益，那么他们就不会被理睬或者以某种方式受到压制（Box，1995，1998；Logan & Molotch，1987）。

人们能够发现一种集体行动需要的连续统一体：在这个连续统一体的一端，人们所感知到的变革需求不成其为问题，要么是因为事情看上去本来就很好，要么因为走向成功的变革愿望是没有希望的；而在它的另一端，人们相信现在正是反对现状和为着乌托邦式理想而工作的时机。在这个连续统一体"不成其为问题"（not-an-issue）的一端，可能会发现人们对自由资本主义秩序感到满意。自由资本主义秩序为人们在财产权和个人权利之间提供了一个"驻留地"（accommodation）（Bowles & Gintis，1986年），允许人们在别人最低限度的干扰下塑造自己的生活。此外，在这一端还存在着怀疑论的后现代主义，人们对分裂、混乱、模糊和放弃的思虑如此之深，以致"在这一时期没有任何社会和政治计划值得作出承诺"（Rosenau，

1992, p. 15)。

在这个连续统一体"是时候行动"(time-for-action)的另一端,是对人们进行启蒙的批判理论的行动计划,这使得人们或许会发现他们所处状况的真实性质,变成"被解放的"和有能力摆脱由当代社会创造的幸福假象,从而塑造他们的生活。(Geuss,1981)。就像罗蒂(1999)的实用主义一样,社群主义(Sandel,1996)在这个连续统一体中保持着一个居中的位置,提供了对一些自由资本主义秩序被滥用的状况的改善。社群主义也与麦克斯威的协同实用主义联系紧密,后者提供了超越自由资本主义秩序的希望。同时,在这个居中领域里,还存在着一种批判理论。这种批判理论准备介入日常政治,但十分注意那些由"日益被虚假民主形式控制的"(Agger,1992, p. 305)政治舞台强加于普遍主义解放愿景之上的限制。尽管在资本主义秩序的统治下,宽泛意义上的社会变化失败了,这一立场也仍然保留了对未来的希望,转而采取孤立的抵抗行动,例如马尔库塞(1964)所秉持的拒绝参与主流社会的理念。

就话语理论而言,要推动公民努力实现自治,或许必须承认社会问题是和经济、政治条件以及人们的信仰相互纠缠在一起的,并且集体行动还可能会遭到现实中既得利益者的抵制。这并不必然意味着要假定(像批判理论的"强有力"的版本那样)在日常生活世界的阴影下存在一个"真实的"自由和民主的世界,也不意味着要想象(在古典自由主义的方式下)一个一次性的、永恒的方案,以宪法、法律、制度、政策或者关于"何为公共与何为私人"的理念的形式,去解决公民、政府和权力集团之间的相互关系。对社会环境中现有条件的承认,能够与话语理论的反本质主义的开放性和未来取向融洽共处。

第五章 实用主义话语与行政合法性

结论：行政合法性

　　由于话语背景中权力的潜在用途和伴随着麦克斯威称为"误建"（misfounding）的公共管理的技术取向，将合法性重新概念化为协作讨论而不是控制的产物，并不容易。在这一重新概念化的过程中，话语理论对走向开放讨论的社会障碍的认识是有所帮助的。如果合法性是官僚角色争论中的主要问题，那么那些让公民意识到现有实践与潜在选择的行政官员，就需要得到保护，以免受到"在自由裁量权范围之外活动"的指责。他们或许会意外地捅到马蜂窝，激起古典自由主义者对不法公民和直接民主的担忧，这种担忧在美国可以追溯到英属殖民地时期和美国创始时代（Wood，1969）。在这种情况下，他们可能会发现自己被指控危害神圣的、具体化的公共制度的稳定，并且被指责为与"在社区改善和公民授权中仅仅承认宪法规定的立法机关、法院和行政部门的地位"的学者结成联盟（Lynn，2001，pp. 154 – 155）。

　　有关话语和公民权的文献提供了几种行政行为的模式，这些模式与将合法性视为在公民和实践者之间关于行政行为的话语进程中的理解是一致的。这种理解经常是有纷争的而不是得到一致同意的，并且由于特定时间和问题背景下的需要（而不是基于稳定和长久的需要）而可能发生。福克斯和米勒的行政官员在寻求民主意志的形成中是积极主动的，法默的"反行政的"行政官员最大限度地减少官僚控制和把治理推向社会开放，麦克斯威所描绘的行政官员会避免充当"理性人"（man of reason），斯蒂福斯笔下的行政官员则是一个反应灵敏的倾听者。扎内蒂（Zanetti，1997）将批判理论加入话语过程,并在一定程度上从安东尼·葛兰西和巴西的批判理论家保罗·弗莱雷(Paulo Freire)那里获得了她的行政行为模式的部分灵感。扎内蒂的行政官员所实施的行为处在一种批判的、有助于解放的模式中,教导公民如何表达关注和执行改革。这个模式和博克斯(1998年)的"助手"型行政官员颇有相似之处,后者给予人们知识和控制以帮助公民实行自治。这两种模式都建立在对权力和知识的批判分析上,它们都假定:在自由资本主义社会中,为了实现充分自治,必须将那些被隐瞒的信息给予公民,而且必须给公民们提供一个允许他们运用这些知识的话语背景。扎内蒂的模型更直截了当地表达了一种解放性的行政意图,这种行政意图构成了话语进程的特点。

所有这些行动模式都不是轻而易举和毫无风险的,而且也不适合所有情形下的公共服务从业者。然而,对某些人来说,他们还是有机会摆脱标准的合法性模式,成为和公民一起构建不同未来的协作过程的一部分。例如,一名受委托组织社区居民确定问题和解决方案的职员、社区导向的治安项目中的行政官员、服务于为公民解决问题的部门中的一名土地规划者以及在恰当时机提出建议的一名行政人员——他认为一种治理主体要通过成立新的公民委员会或董事会来开放治理过程。

行政官员对信息、表现模式和过程的选择,可能会限制、而不是推动公民的协作行动。法默(1995,p. 245)引用米歇尔·福柯的话提出警告说,意识到"法西斯主义存在于我们所有人当中"是明智的。公民可能不一定总是能够靠他们自己的能力去着手和维持协作话语。正如李普曼在1992年所论述的那样,公民并不能像预期中那样"全权地"(omnicompetent)获得足够的知识去参与有意义的公众对话。这就使专家、政治家和评论家可以通过舆论的简化和口号来指引公众,造就一种领导可以自由选择方向的"虚假环境"(pseudoenvironment)。当公共行政官员走进这样一个空间——这一空间存在于需要知识和机会去使用它们的公民、以及拒斥变革的政治体系之间——的时候,人们所作出的良好反应可能就包括了深思熟虑的自我反省。因为正如约翰·杜威(John Dewey,1927,pp. 205 - 206)所说,"经济阶层的规则或许会被掩饰、不为群众所知;专家的规则却无法被掩盖。它只有在知识分子愿意成为巨大经济利益的工具时才是有效的。否则,它们将不得不与群众结盟。这再次意味着,政府与公众的共同担当"。

对于公共管理者来说,令人烦恼的不仅仅是权力、制度以及话语背景中的其他因素。在他们的办公室里,还有法律、法规、政策、预算、人事规则和劳动协议、文件与处理办公的电子文件等等。这些东西可以作为严格的角色分工,或者选择性地作为反映公民、行政官僚和当选领导、利益集团和媒体的态度、意见与偏好的有代表性的粗略了解。应急和社会建设理论在政治思想中并不是新鲜事物。托马斯·杰斐逊相信,作为"激进民主"(radical democracy)的一部分,所有法律和宪法每隔19年(两代人之间的时间差距)都会被终止,从而使得人们可以重新建立他们的社会(Matthews,1984,pp. 22,126)。这种不停变化的意识与尚塔尔·墨菲(Chantal Mouffe,1996,p. 11)的评论相呼应。墨菲称,"用德里达的话说,民主总是'即将到来',受到不可判定性的扰乱并且永远保持着开放承诺的态势"。

围绕美国公共行政合法性的讨论大都围绕着与宪法和议会、法院与有组织的利益集团的分支执行机构的关联而进行。然而,在美国超过87000个政府单位中,和这一基于宪法的对话直接相关的仅有1个(即国家),这一对话和其他50个单位(州)有着较少的直接关联,与所有剩下的单位的关系都是非直接的。大多数公共雇员、民选官员和公民对话语背景的感受,不是产生在由崇高的宪法意图所限定的环境里面,而是产生在对当地的历史、人物、经济和政治的关注之中。在某种程度上,在这种水平上的国家层面的结构或法律问题所产生的影响,他们更多地将其作为外部因素而不是作为基本的合法性原则来加以处理(例如,与警察工作程序相关的判例法、林务局有关州消防机构和地方消防机构的协作政策、对拨款经费的使用限制等等)。对于大多数人来说,影响话语背景的因素则更为直接和切近。这并不意味着通往有效话语的障碍是无关紧要的,而只是表明:与人们通常所持的看法相比,它们有时与人群规模的关系更为密切并且更容易形成变革。

　　区分思考社会、制度和话语情境中其他因素的两种途径是颇为重要的。第一种途径是,假设社会、制度和话语情境中其他因素是确定的和权威的,是类行动的稳定的和限制性的基础;第二种途径是,认为它们具有可塑性、是有用或有害的、是简单的或难以改变的、值得保留或基于当下目的准备更改或忽略的。前者对官僚机构的控制保持关注,后者则符合对在话语进程中所形成的特性的实用主义强调。约翰·杜威(John Dewey, 1927, p. 65)指出,"假设一个关于内在本质的先天(priori)概念和一方面对个人,另一方面对国家加以限制会一劳永逸地产生良好效果,是荒唐的"。那些将考虑对话语进程的情境视为明智之举的公共行政人员和公民,并不需要接受一个关于这种情境的确定的、具体化的解释。

　　在基于控制的行政合法性范围内,屏蔽某些信息,或许会限制潜在的行动范围。这些信息主要包括那些可能威胁精英利益的观念、对人们关于"何为公共"和"何为私人"的预定理解以及人们对行政人员所作的"中立专家"(natural expert)的定义——尽管很多人都知道，没有人是中立的，而且对政治与行政进行清晰的划分也只能是一种虚构。在基于协同话语的合法性观念中，人们普遍认为，对社会情境和公共行政的现有理解并不是必须予以维持的固定不变的事物，而是行动得以开始的关键所在。人们还认识到，当代社会把行动者置于处在挑战和具备优选机会、而不是肆意乐观的话语进程中。它并非总能把人们聚集到一起，并且假定他们对所处形势和面临可能性自发地形成深入的理解。选择进入话语过程的行政官员，或许还必须成为一名组织者和教育者。并且，他的成功意味着建立互相的理解而不是把预先安排好的议程强加给毫不猜疑的公民。在这个过程中，行政合法性通过形成于协作互动中的关系得以建立，从而摆脱人为原因造成的假象，把知识和控制让渡给公民。意识到由制度和法定机构所施行的控制，对行政官员来说是有益的，这有助于他们履行组织和专业的职责。意识到创建那些机构的政治和经济力量，则有助于行政官员推动话语进程，这样的话语进程使得公民能够创造他们所想要的未来。

108

第六章　私人生活与反行政*

公共行政学的许多理论假定，公民是，或者应当是深入参与到公共事务之中的。然而，多数人并未潜心于公共话语，这使他们容易受到少数参与其中的人们所采取的行动的控制。公共管理者对于哪些困难应当上升为公共议程，何种另外的行动方案是可用的，以及与之相关的决策是怎样影响公共成员的这类问题，是促成知觉形成的关键参与者。在这个角色中，他们是处在公众行为和对私人生活的潜在分裂性或破坏性影响之间的持久缓冲器。本文认为，在对行政行为采取反行政姿态时，公共部门专业人员可以把想象当作一种保护私人生活的方法加以使用。

"反行政"（Antiadministration）似乎是公共行政学理论中一个奇怪的名称。同样，这一理论的内容也显得与公认的公共管理学目标相悖，因为它主张管理者应该分散权力与控制，质疑他们自己的目标，在承担职责时更具"试探性"（tentative）。像重塑（reinvention）/新公共管理（new public management）/管理主义（manageral-

---

* 载于《行政理论与实践》，2001年第4期（12月），卷23，第542—558页。版权属于2001年公共行政理论网络。获准转载。

ist）运动一样，反行政是对作为一种繁冗的、墨守成规的专门技术和专门术语的官僚机构的一种回应。可是，新公共管理理论使技术控制与效率得以最大化，而反行政则犹如在镜像中一样，把对公共行为的决断从管理者转移到公众。

戴维·约翰·法默（David John Farmer）的反行政是公共行政中一次小型运动的一部分，这次运动希望把研究领域移离诸如效率与控制之类管理规则的研究焦点。这不是主张放弃管理能力，而是要广泛听取意见，不排斥那些对标准化管理持有不同意见的人。反行政与这次运动的其他部分具有一些共同的特征（Adams et al, 1990; Box, 1998; King and stivers, 1998; Mcswite, 1997），包括对官僚控制的厌恶，对重新分配知识与决策能力的渴望和对庞大制度体系的心存谨慎。它部分地基于一些后现代概念，如"谋变"（Alteriy）——对不同观念的道德合法性和消除俗套思想的需要的觉悟。谋变鼓励管理者避免抑制多重可能性的强迫行为——为了表达这一思想，法默使用了来自福柯的一个习语，建议我们驯服"我们所有人自身之中的法西斯"（fascism in us all）（Farmer, 1995, p. 228）。

反行政不仅仅是通过选举、协商或教育而达成的公民参与。在其他事物之中，反行政促进了"无政府主义"（anarchism）（Farmer, 1995, p. 238），试图寻求"有利于社会的政府力量的根本性重新分配"（p. 234），以及要求尝试性而非命令式运作的"果敢的专业主义"（courageous professionalism）（pp. 243 – 244）。法默问道："如果处罚机构怀疑处罚的实施和效力，他们会倾向于作何举动？如果税务管理人员的道德倾向是怀疑税收制度和所有税收机构的，他们会如何工作？如果外交官觉得道德律令与外交原则相悖时，他们又将怎样做？"（1995, p. 244）

如果将反行政概括为一套新的"行政箴言"（proverbs of administration），它将变得相当通俗。反行政箴言取代了古利克（Gulick）最初的箴言，要求管理者把每个人看作个体而非一个种类，避免用一种固定的、总体的视角来创制政策和规划，并鼓励公民参与治理。在这个层面上，反行政将仅仅成为另一种管理工具，一种考虑机构管理的不同方式。

在一个其他思想看来并没有做到（某些人认为）应当做到的事情的时代，反行政提供了一种与流行模式相对照的观点，以及因为我们对它的需要而从这种宿命中得以保存。民主推动的历史是一部部分公民偶尔声称他们反对由少数人制定的治理政策的历史。公共行政经常作为执行工具为一小部分个人和团体服务，这些个人和团体为了私人利益而向公众行为施加影响。我们看来不能指望这些个人和团体在考虑他们自身利益之外还会考虑他人的利益，并带着谋变的意识来实施行为。

本文认为，反行政的一个量度标准是这样一种程度：人们在不必畏惧公共部门的管理行为损害其生活质量的情况下，能够过私人生活的程度。生活质量可以通过以下这些方面来测量：环境条件、廉价优质的服务、人道的社会，或者其他人们重视或将要重视的那些价值目标：假如他们意识到这些选择可资利用的话。在以下篇章，我们将探究这种反行政的可能性。我们首先对那种反行政将会运转其中的社会进行批判的、唯物主义的分析。接着，我们会用一个案例说明私人生活在公民美德的古典共和视角之外的重要性和价值。本文通过讨论保护私人生活的反行政运动的潜能从而得出结论。

第六章 私人生活与反行政

日常人类利益

与政府行为相关的许多人类利益是物质性的（他们是在个体与社会中的经济、政治结构的关系中产生的），而且也自然地成为所经历的日常生活结构的紧密（紧邻的）部分。因为在某种程度上政府的行政机构表现着社会的资源配置，我们通常认为关于人类物质利益的行政决策受到有钱人和掌权者的重要影响。

我们在此搜寻的反行政并非处在一个国家或全球"政策"的抽象层面，而是处在政府最直接地与它所服务的人民互相作用的层面。许多今天我们认为理所当然的公共服务一度曾被认为是私人职责。卡米拉·斯蒂福斯（2000，pp.54–55）谈到在改革时期妇女曾奋力争取对垃圾处置、卫生设施、交通、薪金和工作时间问题的解决。在许多情况下，男人拒绝把这些问题带到公共的、政府的领域中寻求解决方案，他们将这些问题视为私人的、与公共话语和行为不相匹配的家庭琐事。与这些假定的女性问题形成对照的是，男性感兴趣的是注重政治和事务性效率的粗略事件。妇女们认为最紧迫的人类利益处在即时环境之中，她们积极投身于她们称为"公共母性"（public motherhood）和"地方性家政管理"（municipal housekeeping）的工作（Stivers, 2000, p.9），提倡对"私人"问题的公共解决方案。今天，这些地方性家政管理的论点反映在社区治理的话语中。我们很容易在全社区范围以及更小一些的诸如近邻之类的区域中看到它们的具体影响。

接下来的段落要讨论的是，政府至少是社区政府主要从事受地理因素限制的那些事务，并且通常由邻近居民的日常利益开始着手工作。在邻里之间与社区之间争夺资源的背景中，对如何处理这些事务的讨论得以结束。总的来说，社区公共生活所关心的是公共资源分配的决策，它在本质上是物质的。

地 理

由于迁移率和技术的原因，区域界限明确的地方观念似乎已经在定义人类社交和社区感觉的过程中失去其重要性。现在人们有无数的选择，可以自由地与其他有着相似兴趣的人联系。虽然大量人类历史由关于人与地方之间关系的故事所组成，但是引人注意的是：我们开始相信我们已经超越了与地理环境的原始联系，现在正在无边无际的电子网络中漫游，摆脱了经常布满砂砾而且混乱无序的由人与事构成的邻里环境，这样的由人与事构成的邻里环境冲击着我们的意识，并需要我们的关注和维护。

今天，若要绘制个体的交流模式以及社区讨论参与、商贸关系之类的事物，那怕只是对于一个小的地域里的一个相对小的人群来说，其复杂程度也令人难以置信。对于一个庞大的随机人口抽样，研究问题将是如此复杂，其中很少交迭、内在联系或是共同元素，以致人们会争论，再把社区说成是具有共同利益与关注的人们组成的特定区域是没有意义的。这种现象会由于带个人主义色彩的"生活方式的政治"(lifestyle politics) 的升温而增多。在"生活方式的政治"中，"人们过去专注于工业民主体中的经济整合和民族国家建设这些宏大政治计划中的心理能量（全神贯注），现在日益被导向对碎片化社会中复杂特性进行管理与表达的个人计划中。这些源自情绪活动的政治态度与行为更贴近家庭，并且更不可能专注于政府"

(Bennett, 1998, p. 755)。

人们对摆脱地理决定论和强调人类自我决定的可能性（而非其局限性）的渴望是可以理解的。如果有人允许试验区域包含人们拥有的任何利益，显现的将是一幅个体对各阶层积极参与的画面。这套复杂的人类相互关系可以被描述为"多元立场的自我"（multiply-situated selves）(Sandel, 1996, p. 350)。

然而，如果真实主题是公共行政，那么在定义上这个试验区域具有物理的边界，因为公共行政是政府的一项职能，而政府又是在物理空间中划定了边界的。多元立场的自我这一现象与政府权限在地理学意义上划定这一简单事实共存。如果一个地区足够大，例如美国或欧洲，我们可能希望相信"社区"实质上是由无限的选择而不是共同的模式所组成。但是现今大量政府中的"行为"如创新、公民参与和新公共管理改革都是地方性的。在这样的政府层次上，人与地方之间的联系变得特别明显。人们有很多不同于政府而是与公共行为相关的利益，人们在地理框架之内对这些利益十分关注。这样，多元立场的自我和以地理为中心的人类利益是没有冲突的。相反，它们只是基于不同的分析单位：前者着重个体且用文献证明他们的社会的/协会的联系，后者则专注于政府范围内的公共话语，它所涉及的仅是个体生活（当它包括这些利益时）的一部分而已。

邻里环境

人类共享利益的一个例子可以在邻里环境中找到。至少从1918年玛丽·帕克·弗莱特的著作《新的国家》（*The New State*）问世以来，我们已经知道，当人们处理在邻里环境之内和之外产生的问题时，邻里环境是公民活动的焦点。英特网使获知邻近地区的讨论成为可能，并且许多活跃的网站就是为共享有关当地问题的电子信息而设。以西雅图北毕肯山邻近社区（North Beacon Hill neighborhood in Seattle）的网站为例（www.ci.seattle.wa.us/commnty/beacon/home.htm），我们在这一网站上能够找到关于植树、对邻近的城市公园环境的关注、对西雅图—达科马机场飞机降落噪音的抗议、地区内的拍照旅游景点、公园内附近居民夏夜野餐的照片记录、公共汽车路线信息、图书馆分部、邻近地区的社团会议、人们已编写好的这个地区的历史，以及更多其他信息。

毕肯山居民似乎与市政府职员有着紧密的工作关系，而且这个网站与西雅图市可以直接进行在线链接。当政府机构采取行动或未能采取行动的情形令居民觉得附近地区受到危害，他们有时会与政府的意见不一致。从网站那里，你能感觉到这是一个活跃的多种族地区，许多居民都深深地惜之如家。这一地区看来在公共财产的维护方面也会有问题，一些居民认为市政府对他们的偏好和需求没有给予足够的关注。

不同的地区面临着不同的问题。例如，从一些全国性的邻近网站中，你可能会发现：对发展计划的影响力的强调（城市外观、交通、噪音等）、对邻近地区路标保存的关心，或是一些日常问题诸如（在俄勒冈州尤金市的一个邻近区域）喧吵的聚会、超速行驶的汽车、狂吠的狗和杂草丛生的小巷。这些邻近地区的共同主题是人们团结一致地针对当地情况采取行动，这些问题与国家"公共政策"的宏大规模相比似乎显得平凡，但它们却对日常生活有着重大意义。这个共同主题把邻近地区的物理属性与居民对生活的满意度联系起来，因为：

对地方的物质使用离不开心理上的使用；人们赖以生存的日常事务通过那实现人生重大目标的能力而蕴含着情感的意义。因此物质的和精神的回报联合产生了一种"团体"的感觉。居民作为团体组织成员或是作为负责的邻居所作的大部分努力代表着为保护和增强生计网络而作的奋斗。对地区资源的感激，如此各式各样并且经验不同，引发了"情绪"。情绪是对特定地方独特地满足了一系列复杂需求的观点的不清晰表达。（Logan & Molotch，1987，p. 20）

政治经济

　　对于可以延伸至城市、地区、国家或者跨国领域的民众利益和政府行为而言，邻近地区不是仅有的重要地理单元。浅显地说，人类利益在超越邻近地区以外的更广阔的世界中可能看起来不同，但所有通过政府机构的集体选择机构而处理的利益都屈从于有限的公共资源的局限性。存在着对这些资源的竞争，同时也有赢家和输家，因为"在稀缺物品的分配中歧视是不可避免的"（Johnson，1991，p. 35）。

　　在这样的社区环境下，有些人试图利用公共、政府领域提升私人利益——这就是公共选择经济学家的"寻租行为"（rent-seeking behavior）（Johnson，1991，pp. 327–340）。在社区中，那些利益经常与土地和建筑的使用有关，与在市区和郊区塑造大量人类经验的自然环境有关。彼得森（1981）将社区中的公共政策描述为以自然与经济发展为导向，而与重分配政策或与我们所谓的社会福利无关。

于是，由于假定了社区使其中的每个人受益，这使得社区对那些正在寻找落脚点的商业具有吸引力。

洛根和莫罗奇（1987）争辩说对这样的发展而言，存在着负面的影响，它以牺牲"使用价值"（use values）（居民从作为生存环境的社区中所获的益处——在邻近地区中，创造和保护一个安全、愉悦和具社会功能的自然社区的期望）为代价，从而增加了"交换价值"（exchange values）（企业从作为市场的社区中所获的利益）。对从作为市场的社区中对利润的探求，意味着几个不同层面上的竞争"在互相嵌套的竞争体系中"同时出现（Logan & Molotch, 1987, p.35）。于是，"一条商业街的业主与相邻的另一条街的业主互相竞争，但当他们的商业区与同一城市内其他的商业区竞争时他们又联合起来。同一城市所有商业区的业主又会站在同一阵线上对付其他的城市"（p.35）。

与一个社区的所有人口相比，那些从作为市场的社区中获益最多的人只占非常小的百分比。他们的个人得失大部分取决于诸如税款分配或环境规章之类的公共行为，所以他们具备强烈的动机，要组织起来对公共治理体制和公共管理者施加影响。其他人则没有如此强烈地要创建一个有组织的压力集团的个人动机（Olson, 1965），因此他们中的大部分人在公共事务中并不积极，并且可能仅仅在他们所处的直接环境面临某种特殊威胁时才变得积极（"事不关己、高高挂起"综合症，not-in-my-backyard，或称 NIMBY）。这既激发了那些获利最多的人的动机，又给予他们塑造公共行为以符合其喜好的机会。

关于权力与统治的文献（Judge, Stocker, & Wolman, 1997 年；Ricci, 1971；Waste, 1986）指出人们会利用政府来谋取个人的优势利益。在较早的历史时期，人们就意识到了这种趋势，例如美国建国时期人们对政府与个人关系的辩论。在一定意义上，伍德（1969年）将这场辩论刻画为：当穷人尝试打破富人对财富的垄断的时候，它是一场社会—经济阶级之间的辩论。中产阶级和福利国家的随后的扩展，逐渐将一些此类悬殊差别从人类生活中消除，但是，在历史展现的道德景观的范围内，它体现了打破这些垄断的努力（Rorty，1999，p. 206）。

物质性

暂时回到邻近地区的问题，以再次聚焦于日常人类利益，我们能识别出个人偏好和社会实体的行为间的两种类型的分裂。其一是大小、范围的问题。毕肯山邻近区域的人们对当地机场产生的噪音问题的关注是一个很好的例子。对邻近地区的人们来说，如果机场不存在会更好一些，但这不是切合实际的选择。如果机场官员可以重新配置空中走廊，以使得较少的飞机经过毕肯山，这也会对邻近的居民更好些。这在邻近地区的网站中被人们讨论；从机场官员的角度看来，这可能是也可能不是一个可行的选择，但这也许更适合于当地个人关注的问题与较大社会实体的需要间的关系。在这种情况下（在其它情况下也一样），人类利益在小范围和在较大范围上存在冲突。同时认识小范围和大范围的利益重要性和价值，可使公共话语单元之间的关系变得更和谐、更令人满意。然而，即便这样一个对相互依赖的"多中心的"（polycentric）确认也会受到"论争"和"一些人会利用时机获取凌驾于他人之上的优势"（Ostrom，1991，p. 239）的可能性的支配。

个人偏好与较大社会实体之间的另一种分离与使用价值和交换

价值的潜在冲突有关。在这种冲突中，"大多数人的使用价值是为少数人的交换利润而牺牲的"（Logan & Molotch, 1987, p. 98）。如果说一个少数的富有企业家阶级利用社区赚钱而其他所有人因此经受损失，这是把问题过于简单化了。成功的经济竞争会产生"涓滴"（trickle-down）效应（Peterson, 1981），很多对社区感兴趣并以之为生存环境的人也会为经济的兴盛而投资。他们的工作会受经济衰弱的威胁，所以为了经济的繁荣，他们愿意忍受某种程度的基本生活条件的退化，例如：赝品面包刀具的发展和排列着广告牌的高速公路对美感的破坏、下降的空气质量、交通拥挤和漫长的通勤时间、上升的犯罪率、乏味的学校和对社会状况的关注不足。

然而，有些对基本生活条件退化的容忍对于社区经济繁荣是没有必要的，反倒是有意允许将过剩的财富（之所以说过剩，是因为它们比鼓励企业行为所必需的财富更多）传输给那些对政府政策行使最大控制权的人。这些人操纵着公共制度，因此全体公民作为一个整体所支付的比预想的作为私人利润成本的公平分额要更多。相关的例子包括：让公众而不是开发商支付扩展街道与供水、排水设备，以及完善带有新的大型购物中心、会议中心、制造设备或运动设施的学校体系所需的最大部分成本；用诸如审美标准来加以预防或限制，譬如要求用建筑标准来评论或控制沿路标志大小和形象的规章；将建筑物批准的高度和宽度固定下来以免他们阻挡阳光和使街道和周围建筑物的环境退化；在较贫穷的区域最小化地使用稀缺资源，因为处于较低社会经济地位的人们比那些在较富裕区域的人们是较少可能投票的；防止或限制开发商对新的发展项目中的公园、自行车/人行道和其它令人愉快的事物的贡献，等等。

总的来说，从社区决策中获利润最大的人寻求的是，不受其行为对他人影响的阻碍而赚取金钱。推动权力和财富聚集到一起的公共管理者并不是价值独立的,而是每天做着影响着民主政治本质的抉择(或其中缺乏的)。在连续统一体的两个极端,民主管理程序的倡导者可能处在支持某一特定经济集团和特定行为的一端,处在另一端的是那些承认更大范围的人类利益的人。在此,社会阶级之间无法简单的一分为二,很少关于不变的、随附的和易于确认的精英集群的存在迹象,也没有关于压迫的确凿证据。然而,却存在着这样一个公共管理体制:向那些以特定方式参加游戏的人提供报酬,并从公共机构与那些执行公共游戏"胜利"者意志的人那儿获得支持。

在这样的游戏中避免对参与者的过于简单的描述还意味着消除一种老生常谈的阶级冲突模式。然而,它并不意味着把谋变(alterity)带到这样的极端:没有能力辨别合意的结果和不合意的结果、没有能力区分可接受的环境和需要改变的环境。对于那些视社会关系为物质的、基于自然资源和机会分配的人,最关心的是"消除阶级差异的不公平和私有财产与利润的优先权"(Ebert,1996,p.201)。

这种类型的不公平是一个古老的故事,至少可追溯到古雅典时期(Phillips,1993)。在1787年,詹姆斯·麦迪逊(James Madison)说,"优势集团最普遍和最持久的资源已经变成财产的多方面的和不平等的分配"(Rossiter,1961,p.79)。17世纪中叶,英国革命中的"平等主义者"奋起反抗他们视为剥夺权利和自由的财富与权力的压迫性的不平等。更加激进的平等主义者之一,杰拉德·温斯坦利(Gerrard Winstanley)"坚信经济自由一定会在个人自由之前来到"(Dow,1985,p.75)。他追问道,"不事买卖是正当的法律吗?不,它是征服者的法律而非造物主的正当法律"(quoted in Holorenshaw,1971,p.23)。

今天，大规模的资本主义社会已经在实物生产上取得卓越成就，这分散了我们对严重的潜在问题的思考。谋变帮助我们认识到我们道德上的正反感情并存和判断与境遇的相关性。物质性提醒我们尊重和关心别人与放弃对环境的批判意识不是相同的。正如特瑞萨·艾伯特（1996，p.201）所写道的那样，"对他人的特权化和神秘化是置阶级利益于变革影响之上的托辞"。

公民权与私人生活

我们经常遇到关于公民权的古典共和主义模式的鼓吹，它描绘了在公共话语中忙碌而忠实的参与者，这些人至少部分地将他们的自我价值等同于对社会群体的贡献（Bang et al.，2000，Barber，1984）。可是，在大多数场合，对大多数人而言，这是不现实的。除了公民对政府不信任这个问题外，人们可能对公共事务感兴趣但不会把自己当作直接的参与者，或者他们可能很少关注公共事件，除非发生一些直接影响他们的事情。大多数人的生活节奏和内容是这样的，以至于他们有很少或没有时间或意向作为参与者行使职责。

O. C. 麦克斯威（1997）把现存的美国政府体制描述为在联邦主义者与反联邦主义者之间关于宪法认可的争论的产物，在这场争论中联邦主义者胜出。依照麦克斯威所说，这场胜利铭记了一个精英的、市场导向的世界观，这一世界观使公民远离政府控制，因为他们可能威胁到社会稳定和经济秩序。尽管这一分析尤其适用于国家层面，但是，"代议制政府比直接民主更适当"的观念已经影响了政府的所有层面，而且在国际层面也同样如此。

在公共管理理论中，有些人已经虑及对代议制民主之影响的反驳和改善公民与公共管理者间的交互作用,以推进民主意志的形成(Box,1998;Fox & Miller,1995;King & Stivers,1998)。这是一个值得赞美的目标,但因为绝大多数公民并没有参与到公共话语的过程之中,所以决策通常仍由利己主义者和社会激进主义者制定,这些人推行的是他们对公共利益的特殊见解。在20世纪50年代和60年代,由既是精英理论家(他们认为一个具有共同利益的相关群体对社区决策行使着相当大的控制权)又是多元论者(他们认为由于不同的人参与不同的问题,因此存在着许多的权力中心)的社会学家和政治学家所作的关于社区权力结构的研究推断,只有一小部分人参与到公共事务之中(Waste,1986,p.17)。

多少百分率的普通人口接近"有见识的和重参与的尽责公民"这一古典共和主义标准呢?我们当中一些教研究生公共行政学导论课程的老师注意到许多加入我们计划的研究生,不论他们是否有相关的工作经验,是否在任何层面上对政府的历史、结构与运作知之甚少,他们都既不知道形成社会的当前政治、文化和经济事件,也不明白它们在媒体中的展现,而且还不参与我们视为公民活动的事件。这是一群精选出来的人,根据规定,他们对公共服务感兴趣,许多人是有经验的从业者,他们所有人都有大学学历。如果公共生活的要素对他们来说是一件诧异之事,那么我们可以认为总体上人们在很大程度上缺乏见识和不重参与。

我们中的一些人已经为包括积极参加社区志愿活动的公民在内的社区领导能力的训练团体作过演讲。这些人大部分聪明而且受过良好的教育,他们想为公民生活作出建设性的贡献,希望演讲者告诉他们如何对公共管理问题施加影响。他们中的一些人可能因缺乏对公共机构复杂性的理解而觉得这样做会面临阻碍,并且受到法律形式主义与政府高技术本性的威胁。他们问道,"但是我怎样开始?"

并且,"我真的可能很重要吗?"如果这些人有这样的想法,我们能期望其他公民仓促登上公共话语的舞台并且准备花许多时间来获取充分而顺利地参加公共话语所需要的知识吗?

在"积极参与的公民集体是一件好事"这种观念的背后,可能有"政府行为应当由最多的、可现实的公民数量塑造"这一关于民主的规范性假设。另一个假设可能是,当公众没有积极监督政府时,有影响力的人们和集团将会作出与部分或所有公众利益相悖的决定。前一个假设与事实上的公民行为相反,后一个假设则把公民摆在一个防御的状态。如果他们没有连续地参与(就像我们认为好公民应当做的那样)并努力使他们的偏好成为公共决策的一部分,他们的选择会是:在发生他们不赞成的事情时,对相关的公共行为和意见加以监控;认可其他人所做的,尽管它引起他们关注或带来损害;或者,通过转移到另一社区,得以退出(Lowery, De Hoog, & Lyons, 1992)。

我们需要严肃地追问,"公民应该参与公共事务,要么因为它是人们生活的恰当方式,要么因为人们必须保护自己免受其他相关者的伤害"这样的假设是否合理或有益。公民的共和主义思路、公共生活是自我实现的领地的观念,在古雅典时期有特权的男性公民那里就开始有了。在美国背景下,这一思路贯穿于18世纪为公民建设国家的一代人的愿望中,甚至体现在建立于古典自由主义风格中的利己主义认同之上的共和国中,显示了对"公民美德"的承诺。尽管意识到"公民倾向于不劳而获,统治者则倾向于成为暴君"(Sinopoli, 1992, p.6),但是这一代中的许多人仍希望"看见公民参与覆盖到公民人口的主要部分",从而包括"诸如投票之类的最小限度的行动"(p.11)。

然而,在当代大众社会之中,确认了"公共服务将得到有效提供(很少错误和很少浪费),在一定程度和范围上绝大多数公民将赞同正在做的恰是应当做的"这些保障之后,也许私人生活应该是可以接受的。这种接受既不必通过把对日常生活和家庭的关注内容拒斥于公共领域之外,从而致使妇女、少数民族或穷人变得次要(Elshtain, 1981),也不必像亨利·戴维·梭罗(Henry David Thoreau)的临湖小筑式地退出社会。相反,认识到生活的社会经济条件,我们或许能够以古典自由主义模式对其加以解释。这一模式运用代议制政府和官僚技术(Yankelovich,在1991年发表的文章中把这一技术的特殊形式称为"技术控制文化")把公民排除在管理之外、保护掌权者的利益。接受私人生活就是承认大多数人没有参与公共领域,但尽管如此,他们应该能够过相对不受损害的生活,而这样的损害是由其他公民在活动中设置、由公共管理部门施行的。公民—政府关系的明确表达寻求绕开某种均衡,这种均衡处在共享公民权力的古典共和主义观点与受控于利己主义精英的悲观古典自由主义观点之间。当然,相对于可供选择的解决方案中的任何一种模式或其他尝试而言,它可能是最成功的。关键在于尝试。

想 象

我们已经看到少数人能够特别有效率地策划公众行为使之符合个人目的。另外的少部分公民参与到公共管理之中;他们的利益可能相似或者不同,而且和第一群人的目的可能一致或不一致。因而,最后但同样重要的是,大多数人并不直接参与公共管理。他们的利益是不同的,而且也许会(或不会)得到先前两个群体所采取的行为的支持。有必要承认在很多地方有很多人与邻近的参与社团、公民委员会等一起为反抗这样的现实所作出的巨大努力（Box，1998）。然而，我们在此处理的是总体情形，而不是有可能发生但违反现有事实的例子。我们可以把对公民自治所做的成功努力扩张和传播到其他地方去，这是十分有益的，但我们所讨论的主题是：大部分要么不生活在这些地方，要么不参与其中（如果他们生活于此的话）的人们的命运。

在这样的背景下，私人生活和反行政之间存在着清晰的关系。如果我们相信人们应当被允许拥有免于公共部门不当干涉的私人生活，而且如果不能期望选举出的官员和参与的公民总是为大部分人的利益服务，那么留给我们的就是作为公民和政府之间缓冲器的公共行政了。这并不是说，公共行政是一个能够像这样的缓冲器般产生可靠作用的理想智库；正如先前所说的，它倾向于成为管理精英意志的工具。换句话说，在反行政的框架中，某些地方的一些管理者也许会寻求一种反行政的途径，而甘冒反对主流社会政治范式的风险。

对于干预保护私人生活的公众管理者来说，他们将需要抛弃忠实中立服务的理想和采纳一系列特殊的价值和动机。在公共行政领域，关于"如果公共行政并非价值中立，那么该假定何种价值"这一问题的讨论已经持续了一段时间了。这是关于行政合法性，或者称为政治—行政关系这一经久不衰的问题的一部分。关于价值和中立的问题早已出现，例如，在20世纪40年代弗里德里奇-芬纳（Friedrich-Finer）关于道德的辩论（Mcswite，1997，pp. 29 – 52）、1945年赫伯特·西蒙（Herbert Simon）关于事实和价值区别的论述以及在70年代新公共管理对提倡社会公正的管理者的强调。今天，它颠倒了新公共行政模式，以重申政治—行政二分，公务员不应制定政策的意愿出现在新公共管理中。

第六章 私人生活与反行政

在此，我们可以注意到，对于充当选举代表和公民之间缓冲器的公共管理者来说，存在着重要的障碍。一个障碍是，政治领袖可能把这一缓冲器的角色视为威胁，从而采取可能危及管理者的防御措施（Box，1998）。另一个障碍是，很多管理者没有确定他们作为公民导向的角色，却反而以为要向他们的职业或向选举的或组织的领导效忠。对充当缓冲器的公共管理者而言的第三个障碍是很难确定公民利益，因为他们经常是多元的、多变的并且是相冲突的。

这里的问题不仅只是行政行为是否承载价值（确切地说，怎样才能避免？），或者说，管理者应该为谁服务？（当选的代表、公民、一种价值或理想，等等）。毋宁说，我们承认公共管理者所持的多种观点，并且转而追问那些选择施行行政判断力的人何以可能帮助保护私人生活。这要求考虑到未参与的公民，而不仅仅是当选的代表、一群有权力的组织和人，或者一些参与的公民。这需要一个有移情想象力的法案，能够设想公民日常利益和怎样使行政行为符合那些利益、减少公众行为的分裂性或破坏性影响。

公共服务的从业者具有绝大多数公民没有的职业性的专业实践知识（社会服务、计划编制、教育、法律实施等等）。他们通过向决策者建议和决定怎么贯彻政策来对公共行为施加影响。他们可能使用他们的实践知识以形成建议，从而服务于他们所知道的公民需求。如果他们选择调整他们的建议来符合他们所知道的私人生活，那他们所知道的是什么？虽然私人生活不可能得以充分想象，但随着时间的流逝，公共服务的从业者逐渐将与公共领域相关的人类利益模式加以概念化，这样的人类利益模式是在无数公民对发生在无数社区中的日常事件的回应中建立起来的。这些模式在积极参与公共生活的公民的行为和言谈里透露给了公共服务的从业者，他们在因困扰公民们的一件事情或一个问题而临时加入这公共领域的市民话语里得以揭示，他们通过注意来自日常生活包括媒体、街谈巷议，以及从业者在职业背景外的个人生活经历之中的感官输入而得以揭示，他们还通过教育和学习而得以揭示。

并不是所有的从业者都有影响私人生活的机会，并不是所有那些调整其行为来保护私人生活的人都选择重视已知的人类利益模式。避免想象能够被行政行为影响的多样、复杂、动态的生活当然更容易。如果公共政策和行为是以未知的公民为导向，而不是以少数有动机、知识和时间来直接参与精心制定社区中公共部门角色的人为导向，那么不考虑这些生活将怎样与众不同也会更容易。

戴维·约翰·法默的反行政理论提倡尝试，这是对行政体制和行为的质疑。这一尝试很适合于想象私人生活的努力。在理论上，它也适合尚塔尔·墨菲（Chantal Mouffe）的多元/自由主义民主政治的观念，这一观念超出了自由主义者的传统的自然法类型，"对政治秩序问题的理性、普遍的解决方案"（1993，p.145）。虽然墨菲的民主政治并不是等待"理性选择或未失真交流的对话过程的结果"（p.145），但是却反而留下了什么利益在公共领域被谈论和怎样处理"霸权关系"（hegemonic relations）的开放问题，唯有让它们在公共话语中得到解决。这样，民主社会不是成为一个目标，而是成为一个可自由应答的对话，"一个永远无法企及的地平线"（p.146）。

尝试和自由应答意味着实质内容、道德目的和改良事物之愿望的缺乏，人们对此的关注可能会增多。墨菲使体现"民主价值和实践"（1993，p.151）的民主政治进程成为道德的终结。实用主义者理查德·罗蒂可能不会不同意这一点，但他也同样认可复兴左派政治的坚定愿望，这一愿望"集中于防止富人离弃国家其余部分的努力之中"（1999，pp.260-261）。罗蒂把他的观点称为乌托邦并将其与激进主义作比较。在他的阐述中，乌托邦不关心假想中的存在于

第六章 私人生活与反行政

表面现象和社会本质所造成的深层"错误"之间的矛盾。相反，他们赞成"在痛苦的现实与可能较少痛苦的、朦胧可见的未来之间的对照"（1998，p. 214）。这似乎引出了一个我们怎样识别痛苦现状的问题，换言之，在社会中缺少何为错误的观念、一个人如何知道将其视为痛苦？艾伯特（1996，p. 5）写道，"任何一种乌托邦的理想都是受欢迎的，因为它漠视社会矛盾的存在而指向'远方（beyond）'"。

管理者可能会（或不会）对照一个（激进的）感知到的矛盾背景想象私人生活，这一矛盾背景处在民主社会肤浅的花言巧语和决定公民命运的更深层的、常常不公平的经济关系之间。然而，或许能保护私人生活的提议和行动是基于"半空玻璃杯式"①"社会关系是有缺陷和压迫性的"信念，或是基于"半满玻璃杯式"②的信念，通过代表未参与的公民的利益而行动，以改善情况，这可能已经无关紧要。管理者将以上述二者中的任何一种方式，运用他们的实践知识来缓和公共权力对于那些不能（或没有）参与决定如何使用公共权力的人的影响。

为了提倡对私人生活的反行政的保护，我们不必确定一种我们认为从业者应当追求的明确法则（比如抽象的民主，或者新公共管理中的社会公正，或者一个更理性或共产主义的话语背景）。我们也不必天真地认为这是一剂万能药，或者是这个时代我们能做的最有建设性的事情。我们提倡它，仅仅因为我们认为，现今在这个假想的民主社会里，它是我们应当要做的事。私人生活需要保护的人们包括那些有着不同利益和处在不同地方和时期的人。每个公共服务

---

① Glass-is-half-empty，喻指悲观的人。——译者注
② Glass-is-half-full，喻指乐观的人。——译者注

的从业者的工作，都基于她（或他）自己独特的知识、经验和服务动机。公共问题的潜在结合、从业者对想象中的私人生活的阐释、政治背景、实践的专业知识和可能的实际结果，事实上是无穷的。我们必须作出选择，但是作为理论家，除了超越想象、关注私人生活，以及意识到应当做什么的困难，我们可能既没必要也没办法要求更多。

第七章 批判实践与发现公众的问题

长期以来,我们一直认为使公民参与地方的治理,是促进民主的一种方法。然而,我们越来越认识到,大多数人对参与公共决策制度的传统形式不感兴趣。本章基于批判社会理论,对这种现象提出了一种解释性的框架,并设想了公共实践者对此可能作出的潜在反映。这一框架的主要部分包括:矛盾、辩证的变革,批判想象和自主决定。

许多关于公民参与地方治理的文献,是基于这样的观点:即更多人参与总是优于较少人参与,因为民主就是在自治中实现广泛参与。这种"古典共和主义"(classical republican)模式或者说雅典模式假定人们希望能够参与公共事务的决策。然而,因为实证根据的不足,这种假定时常受到攻击。因为,人们并没有如预期或希望的那样为数众多地参与治理活动。从古希腊人到美国联邦主义者再到当代的代议制政府的提倡者,公民参与治理总是受到拒斥,因为他们认为大多数公民没有能力理解公共事务按理性行事。此外,许多职业的公共行政人员也相信,公众参与到公共服务的决策之中是不恰当的。这要么是因为公众不能理解公共服务是怎样运行的;或者是因为,花时间跟公众一起工作,效率会很低;或者,二者兼有。

公民自治的图景中也有一些亮点,但并不是所有的地方社区都有活跃的公民自治行为。并且，在那些公民自治较为活跃的社区中，也常常只有相对少的一部分人参与其中。尽管人们始终关心他们的地方事务，但很多因素或许限制了他们参与到自治之中。比如，时间要求上的冲突、搭便车的行为、知识的欠缺，以及对公共事务的反感等。

通常，关于市民参与政府的论著都致力于探索障碍和技术问题。其隐含的目标似乎是要创造一个这样的话语过程，即尽可能地模仿直接民主：由每个会受影响的人来做相关事务的决策。本章的目的不是继续这种讨论，而是对描述"公共"自治能力的问题进行批判分析，并为社区公共行政的批判实践提出一些框架要素。用"批判"这个词，意味着运用从批判社会理论（矛盾和辩证变革、批判想象、以及自主决定。）中提炼出的概念，来解释社区层面上的公共事务。

本章关于批判实践的所提出的分析框架，不是要充当一种详尽的描述性模式，而是要呈现一种概念化的方法，揭示政治经济体系内的、塑造公民行为和制约行政裁量权的基础特征。本章的框架结构依次包括以下几个部分：对界定自治公众的难题的分析、对地方社区中批判的公共实践所面临挑战的描述、以及批判的公共实践的目的。

难以捉摸的公众

在美国社会中，公众对政府和政治是冷漠的，甚至是敌对的，这是人所共知的事实。参选率低，反政府态度频繁见诸媒体（谈话类节目是一个极端的例子），对官僚制的抨击随处可见，并且许多人还对公共服务心存蔑视。那些民选的官员、公共职业者和那些了解或参与治理事务的公民常常认为公众大多不能对公共事务作出明智判断。如果由于冷漠或者无能，公民参与治理是或者应该是局限于定期选举这样的活动，那么治理就仅仅是被选举的领导者和他们所任命的官员及公职人员的事了。

"公众是否适合自治"并不是一个新的问题。宪法体系的建立时期便被刻上了联邦主义者与反联邦主义者之间激烈争论的烙印。联邦主义者主张建立限制公众参与的政府，反联邦主义者则偏爱更加直接自治的政府。一些学者认为，立宪时期与其十年前革命时期的平等主义精神是相背离的。那些拥有权力和财富的人们极力限制其所认为的已经过多的民主：那些在民主中表现出贪婪、嫉妒、思想狭隘的人，已经威胁到他们在社会中的财富和地位。据戈登·伍德（Gordon Wood, 1969, p. 510）称，"制定联邦宪法所要解决的正是这个问题"。联邦主义者对那些"由［革命］战争刺激而浮现出的社会败类的日渐没落"而感到高兴（Benjamin Rush, in Wood, 1969, p. 498）。受过教育的拥有财富的"天生贵族"（natural aristocracy）希望将权力核心转移到国家层面上以恢复他们凌驾于政府之上的权力。在国家层面上，人们无法自由地参与政府管理，政府由"最纯洁、最高贵的人物来掌控"，这些人物是"国家中最优秀的人"（Wood, 1969, p. 512）。可以想象得到，反联邦主义者坚决反对"上层"（upper）阶级对权力的掌控。梅西·沃伦（Mercy Warren, in Wood, 1969, p. 514）在其文章中写道：宪法是"出身良好的美国人企图控制大陆的产物，它在美国各州没有得到很好的实现"，它"会导致一个贵族式的政府，并且建立凌驾于我们之上的专制"。

伍德罗·威尔逊（Wooddrow Wilson）曾于1887年发表一篇名为"行政学研究"的文章。公共管理领域中的学者对这篇文章甚为关注，尤其津津乐道于威尔逊关于必须降低政治对行政的影响、倡导将"科学的"欧洲管理技术运用于美国公共部门的思想。但是人们往往忽视的却恰恰是他关于公众的观点。这篇文章写于19世纪，当时正是鼓吹公共部门民主化的时代。19世纪早期的这种民主化思想是18世纪末联邦主义者统治的结果。而到后来，它变成了回应地方政府增长和总统们在国家层面上发起变革的产物了。这些总统以托马斯·杰斐逊、安德鲁·杰克逊（Andrew Jackson）等为代表。人们或许会将威尔逊的论述看作是反对19世纪晚期民主化的成果，正如人们将其视为在一个世纪前试图限制民主的联邦主义者一样。

一方面，威尔逊承认，美国人存有这样的期望：公共治理将是由人们自由决定的民主政策的结果。因此，"在美国，行政行为必须在所有方面都对公众的观点保持敏感（Wilson，[1887] 1997，p.23)。然而，威尔逊的推理把公众放在了一个不仅远离行政、而且远离决策的尴尬境地。决定公共事务的责任将会属于当选代表和他们的政治任命者，因此，"相关政策将没有官僚主义特征，它不是常任官员、而是政治家的创造。这些政治家对公众观点负有直接且不可避免的责任"（p.23）。

对于一个情况复杂而且幅员辽阔的共和国，通过单个公民的直接参与来加以治理是困难的——这种想法不能说不合理。但是，由于公众的观点被刻画为缺乏一致性和统一性，所以威尔逊所说的领导者们不会等观点统一、仔细权衡之后再去决定下一步做什么；相反，他们"创造"出一致性和统一性："在现代立宪政府中，无论谁想做一种变革，都必须先培养支持他的公众想得到某些变革。那样，他必须说服公众想要他打算做的特定变革；他必须先使公众愿意听从他的观点，并使他们相信他们所听取的是正确的；他必须激发他们去寻求一个统一的观点，然后设法使这个正确的意图正常地得以实行"（p.19）。

威尔逊认为领导者就是用这种方法行使职能的，因为单个人常常不能理性思考并作出选择。相反，他们总是怀着"先入之见，也就是不应加以理性对待的偏见，因为它们本身就不是理性思考的产物"（p.19）。这个问题如此重要，以至于那些特别睿智的人也有可能要通过研究政治历史，来确定"少数稳定的、一贯正确的、温和聪慧的政府格言。在这样的政府里，所有牢不可破的政治信条都将最终被消解"（p.20）。国家或许不会对此采取行动，因为：

> 人类的大多数不是以哲学思维方式思考的，而现在这些人有选举和投票的权利。在每天早晨去上班的人们明白之前，真理必须变得简明易懂和轻松平常。在这些同样的人下决心奉行这一真理之前，不奉行这个真理，就必然涉及巨大而且令人头痛的麻烦。
>
> 而且，与美国的非哲学性的大多数人相比，更具多样化的地方在哪里呢？要想知道这个国家的公众思想，我们不仅需要了解美国人自身传承的思想，还要了解爱尔兰人、德国人和黑人的思想；要想为一种新学说作注解，就必须影响各种种族的思想，了解继承了环境因素偏见的思想，这种偏见是因为不同民族的许多历史学家的曲解造成的，并与全球的气候有关，如变冷变暖，收缩或扩张。（p.20）

这就是当今所谓的多样化公众形象。这种形象包括许多人，这些人关于政府概念及其与国家的关系和那些受过良好教育的精英们的思想——如威尔逊——是相背离的。在这种背景下，威尔逊认为公众观念的形成和利用公众观念制定政府策略中间存在一个问题，即"如何有效地利用公众的观点,而不是使其成为无用的干预",因为"如果成为干预,那么这种干预会时常忽视日常的具体细节和政府日常工作方式的选择"。由此,"公众批评当然成为对敏感机构的笨拙的令人讨厌的粗野的干预"(p. 23)。

20世纪早期,沃尔特·李普曼写了《公共民意》(*Public Opinion*)(1922)和《幻影公众》(*The Phantom Public*)(1927)。他认为,对普通公民来说,公共事务的世界太复杂,因而难以理解。因此,大多数公众不会直接参与制定公共事务的决策,而是运用有限的知识和他们的成见来定期投票选举候选人。由于只有相对少的一部分人直接参与了公共决策的制定,所以"全能"(omnicompetent)公民的传统模型(全能公民完全理解并参与公共事务),并不符合现代社会的情况。

约翰·杜威写作《公众及其问题》(*The Public and Its Problems*)(1927),在一定程度上就是要反对李普曼关于公众和民主决策的消极观念。杜威同时还发现公众的治理能力需要提高。他指出,"形成民主化的有组织的公众的首要条件,是知识和洞察力,但目前公众并不具备这些"(p. 166)。相反,"在社会管制中,无知、偏见、阶级利益和意外代替了知识,得以大行其是。"而且,科学和知识被用来"服务于少数人利益的金钱目标"(p. 174)。这一点可以通过影响公众观点来达到。在杜威的书中,有一段文字所表达的意思即使是在我们所处的全球电子信息时代,也算是相当现代的了。杜威这样写道:

> 控制人们的观念是控制政治行为的最简单平顺的方法。只要金钱利益的作用足够强大,并且大众还没有准确定位并确认其自身,那些与其利益直接相关的人,就有无法抵挡的动机去

干预所有影响他们利益的政治行为。……譬如,由有着实际技术基础的工程师所运营的产业与其实际情况是有所不同的。因此,如果记者为了自己的直接利益而自由活动,那么采集和报道新闻就和现在的实际情况完全是两码事了。(p. 182)

通过研究现代行政国家的成长过程,杜威担心:"在那些大多数人没有机会使专家了解他们需求的由专家掌握的政府之中,没有一个不会成为由极少数人控制的寡头政治"(p. 208)。针对这种情形,杜威所提出的解决方案适合他所处时代渐进的社区构建的精神,并且与玛丽·帕克·福利特于1918年出版的《新国家:作为公众政府解决方案的集团组织》(*The New State*: *Group Organization the Solution of Popular Government*)中的观点有些相似。杜威强调开放言论(open discourse),这种开放言论始于"邻近社区"(neighborly community),并涉及"辩论、探讨和说服的条件与方法的改进"(Dewey, 1927, p. 208)。然而,在解决这种"公众问题"之前,还有许多事情要做:"直到质询和公开宣传取代了秘密、偏见、歧视、曲解和严重的无知时,我们才能判断现有大众的智力适应社会政策的程度"(p. 209)。

也许有人认为,与杜威的希望相反,随着社会与政府的扩大化与复杂化,公众变得离公共治理更远了。史蒂文·贝斯特和道格拉斯·凯尔纳(Steven Best and Douglas Kellner, 1997)撰写了关于媒体与民意的关系的著作,这一问题源于19世纪中期哲学家索伦·克尔凯郭尔(Soren Kiekegaard)。贝斯特和凯尔纳在研究中运用了"场景"(spectacle)的"情境主义"(situationist)概念,以及20世纪中晚期让·鲍德里亚(Jean Baudrillard)的后现代"超现实"方法。人们可以从这些材料中得出这种观点:在"令社会陷入惶惑的"大量图景中,人们是被动、消极并循规蹈矩的(p.84)。这改变了公众对"剥削和不公正"的愤怒,使得人们"受到新的文化产品、社会服务及工资增长的抚慰,"并且社会变成了"推动利益增长、从意识形态上控制个人的一种手段"(p.85)。在鲍德里亚的著作中,甚至幻像背后的现实也突然消失,只剩下自我指称的模拟(self-referring simulation)和微乎其微的社会拒斥的可能性。贝斯特和凯尔纳拒绝这种"对客体成功的怀疑主义的接受,"而更愿意把当今社会看作是"(资本主义)现代性的一种加剧,而不是一种完全'崭新的'后现代性",对这种后现代性的最佳理解是"将其看作资本主义的普遍化的扩张"(p.105)。

作为早期著作者所确认的模式的延续,当今大规模的公共舆论似乎是在追随过于简单和哗众取宠的广播电视节目、以及政客们的公开言论。政客们在公开言论中使用民族主义或公共利益的华丽措辞以增进特定群体或行业的利益。参与民主或协商民主的理论家(Barber,1984;Bohman,1996;Fung & Wright,2003;Yankelovich,1991)以及社群主义理论家(Etzioni,1998;Sandel,1996)通过提供信息、使人们参与公共讨论的途径,力求构建公众的治理能力,但这些努力只影响了一小部分公民而且看来不会深刻地改变整个大趋势。虽然在地方层面上已经出现了公民参与和邻里组织重新活跃的现象(Berry,Portney,& Thomson,1993;Box,1998;Musso,1999),但这也同样只影响到整个国家人口的相对很小的一部分。

与此同时,有资料显示,个人对公共事务的参与仍在发展,但其重心已发生了变化。人们对此关注的焦点,已经从政治党派的长远利益和稳定的集体特性,转向通过对多种问题、运动、筹款和志愿活动的参与加以变革而表现出来的个人特性(Bennett,1998)。按照班尼特的说法,"志愿行为的持续水平,进一步证实了连续的、但

第七章　批判实践与发现公众的问题

是生活方式友好的市民参与,是由越来越多的过着复杂生活的个人所构成的"。那些参与到这些新的行为方式中的人们,可能属于这种市民:他们"似乎已经得出一种结论,即在最坏的情况下,政府对支配私人生活的经济条件负责;而且,至多只是在补救恶劣情境时起微小作用"(1998, p. 758)。

在上文所勾勒的构建公众自治能力的问题中,存在着一个贯穿始终的核心主题。这个主题就是,公众和由那些拥有财富和权力的人所控制的统治系统之间的关系。在"后现代"时代,将理论本身降格为元叙事,将涉及财富和权力不平等的社会综合理论视为对特定真理的不恰当的要求,已经变成一种时尚。基于经济唯物主义和马克思著作的理论与后现代思想尤其势同水火(Rosenau, 1992, pp. 157 - 164),并且不可避免的无产阶级革命的影像也逐渐淡出对社会正义兴趣浓烈的论著。然而,资本主义对人们和对物理环境的影响,不仅一直是社会的中心问题,而且这些问题随着增长、全球化、科技创新而不断加剧。法兰克福学派的批判理论家赫伯特·马尔库塞致力于使许多人认为过时的概念适用于理解当今世界情境的任务(Kellner, 1984, p. 453)。今天,这项工作比以往任何时候都为重要(Agger, 2002)。

本章的目的,在于描述批判实践的一个框架。就此而言,假定一个政治和经济模型是有帮助的。这一模型与公共知识和行为以及公共服务实践者的贡献密切相关。一个特别有用的模型是马尔库塞的"单向度"(one-dimensionality)模型。基于卡尔·马克思和韦伯论著的发展,马尔库塞认为:"支配起源于……劳动力与技术的组织中"(Kellner, 1984, p. 166)。资本主义工具理性的作用在于榨取公众的劳动力并使他们处在依赖和服从的状态之下。博克斯(2003, p. 47)把这种观点总结如下:

当代工人都被纳入到生产和消费体系中，这要求他们为了谋生必须完全致力于从事例行的枯燥乏味的工作。存在一种"从人类个体到技术装置或官僚机构的渐进的权力转移"（Marcuse, 2001b, p. 65），这一系统以物质性商品作为报偿来保持其内部的协调一致。媒体、娱乐、教育和政治机制又强化了这样一个信息，即生产和消费是有益的，并且由此带来的环境恶化也是可接受的。

在这种情况下，政治和经济体制掩盖了可供替代选择的知识，由于"这个世界趋向于变成完全行政（total administration）的产物，它甚至同化了行政人员"（Marcuse, 1964, p. 169）。这样的世界的本质特征是，社会、人和思想是单向度的（Kellner, 1984, pp. 234-235）；也就是说，矛盾对立的知识已经变得模糊或不存在，并且辩证法作为社会变革动力的作用也已停止了。

面对现代工业城市社会，寻求某个特定阶层的人去推翻现有秩序的想法，已经被证明是无效的了。现代工业城市社会给绝大多数人提供了维持生活的基本保障，并且给许多人提供了舒适的生活。寻求和建立代替当今社会境况的更好模式的可能性同样也消失了，因为单向度的现象导致了一种"既定的和可能的、需求满意的和需求不满之间的矛盾（或冲突）的平息"（Marcuse, 1964, p. 8）。大家甚至不太可能去想象一个与人们已经适应的那种环境不同的政治、经济和社会环境。在这种背景下，主张"自由平等的讨论"的理念大体上是没什么意义的，因为人们无法获取能够使之"对其独立思考加以表达和发展，从教条灌输、受操控以及外来权威中解放出来"

(Marcuse, 1965, p. 93) 的知识。相反,"在垄断性媒体(它们本身仅是经济政治权力的工具)的操纵下,一种理念得以形成:正确和错误、真实和虚假都在其对社会利益产生重大影响的地方被预先确定的"(p. 95)。这样,人们便成为"受到操纵和灌输的个体,他们将其主宰者的观念当成自己的,机械地予以重复"(p. 90)。当然,这些因素会使准确界定公众意志、组织并参与创造社会变革的能力更具挑战性,也使致力于推动变革的公共服务实践者面临挑战。

批判理论与社区背景

随着人们将讨论从社会宏观特征转向地方社区,社区居民在治理过程中发挥重要作用的可能性开始取决于一些情境性的因素,比如:当前引人注目的公共问题、居民的社会经济特征以及信息和公共决策过程对居民的开放程度或受社区精英限制的程度等。这些因素或多或少地使人们难以为公众关注带来挑战性或争议性的问题。

有许多概念框架可用于描述特定的政治经济环境。在这样的政治经济环境下,人们了解公共问题,和他人对此加以讨论,并且与相关机构和选举官员联系,以参与到决策过程之中。本文在此讨论的是批判理论的框架,它不是一种带有标准化特征的单一的思想体系,而是被许多作者用于社会分析的一种途径。批判理论主要关注经济体制的影响,特别是——怀着"人们能够了解其境况并采取措施加以改进"的希望——聚焦于财富和权力的关系。我们难以对批判理论家的著作加以概括,因为这种理论体系的内部要素之间就存在着重大的区别。法兰克福学派发展出一种持续影响着社会理解的社会批评。这种社会批评的影响,要么通过人们将其运用到当今的社会问题之中得以显现，要么因为处在那些（包括马克思主义者）不赞同其观点或认为它已经过时、"已死"的人们的对立面而受人关注（Bottomore，2002，p.76）。

当我们聚焦于马尔库塞的著作时，有三种理念或许可以作为一种程序框架用来研究地方自治的问题：辩证的变革、批判性想象和自主决定。辩证的变革是这样一种理念：现在的条件经过一段时间后会在质上变得不同。我们所认定为必然的或"既定的"目前的"现实"其实内在地"自相矛盾、与它们自身形成对立"（Marcuse，1941，p.147），并且因此走向变革。这样，"社会变革在相对稳定的现实范围内就不再是一件特殊的事件，而是首要的现实本身——所有的不变［情境］都必须从中得到解释"（Marcuse & Neumann，［约 1941 – 1942］1998，p.102）。

"批判的想象"这一术语是从马尔库塞论著中关于幻想、想象的用法中构建而成的，用以设想可能作为替代选择的推动变革的未来形势和行动。在这种形式中，它是在人们所希冀的未来和当前现实之间的"深渊"（abyss）上搭建桥梁的一种方法（Marcuse，1968，p.154）。自主决定则是这样一种理念：人类力求把生活选择从高压统治下解放出来，它可以被表述为自由、解放、授权等等。但不论是何种特殊的具体形式，这种理念都是批判理论的核心部分（并且普遍存在于政治理论更为广泛的领域之中）。

这种由辩证的变革、批判性想象、以及自主决定所构成的过程框架，或许可以被用于公共服务和地方治理之中。在公共服务的过程中，存在着一种核心矛盾，这种矛盾体现在两种观念的分歧上：第一种观念是，政府的形成总体上是为了公众的利益；第二种观念是，政府实际上是要使那些通过使用暴力、财富、对信息和公共决策议程加以操控、或者通过其他形式的压制或影响将权力发挥到极致的人们获益。

虽然在地方政府中出现了各种各样的问题，但在地方政治和公共政策的创设中，一个重要的激励因素仍然是通过控制土地和建筑来产生利润和积聚财富（Logan & Molotch, 1987；Peterson, 1981）。为公众利益服务还是为掌权者服务的矛盾，在地方性的利益地理学中表现得尤为突出。地理学家大卫·哈维（David Harvey, 2001, p.83）承认，对主流社会科学家来说，集中关注与土地使用相关的财富积聚方式"可能听起来非常经济学化或流于还原论"，而且，研究城市生活需要涉及"比对城市本身这一人工制品的'纯'研究更要多得多的东西"。不过，哈维认为：

> 马克思主义论点的核心，当然集中在探求事物的社会意义上。从城市是人工制品开始，我们可以逐步深入无数的社会关系（地主和金融家、建筑工人、技工和资本家之间，使用者和制造者之间，个人和国家之间，社区和投机商之间等等），并且深入到制度安排框架内相互作用、冲突、联盟等超乎寻常的复杂性之中，所有这些都导致了这一物质性景观的创建。(p.83)

这样，我们就发现，影响上百万人日常生活的城市环境的许多因素，在很大程度上是为着他们自身的利益，而由那些受到激励来使用这种环境积聚财富的人们所决定。用约翰·洛根和哈维·莫罗奇（1987，p.12）的话来说："人们梦想、计划、组织他们自己运用资产赚钱，就是其中的动因。通过这样的动因，财富积累在城市的层面上大行其是。"受到影响的城市环境因素非常多。其范围从宏观的人所共知的事情（高速公路的增多；城市的扩张；拥挤的公共交通；空气、水、以及噪音污染；供水问题；污染和废物处理；等等），直到那些在日常的基本生活层面上影响人们（不论他们知道与否）的较为微观的事情——例如，对市区外观的影响、出游时间、危险程度、对政府服务的质量和责任的满意度或失望度。

可以从较为微观的事情中举一个例子：大多数人不了解与商业化街景的设计相关的操作过程，这听起来似乎是很小的一件事情，但实际上它是一个经过数十年发展的复杂的实践领域。它对安全行驶、视觉环境、商业吸引力、以及可能产生的（由居民和外来人员展现的）社区精神风貌产生着重要影响。设想一条典型的商业快车道，包括地上的公共路线、许多人行道、高大花哨的但常欠维修的指示牌以及无数的车道入口线（无数交通车不停地由此上下高速）。然后，想象有着同样商户的同一商业区，现在除了公用路线是处在地下的，还有街道边的树木、景观，大小和设计适中且维护很好的低于地面的指示牌，以及由几家商户共同使用的有限的几条行车道的入口。行驶更安全、视觉环境对行人和商业顾客的影响有着很大不同，并且公众对商业的看法以及整个社区都可能得到了改观。这些目标可以通过采用众所周知的且容易获取的规范的规划技术来达到。

然而，商户却常常抵制更有吸引力的街道设计，有时是因为价格（虽然被改进的街道设计的许多部分并不是特别贵，而且一些费用还可能是由基金组织提供的，以便为商人减少负担），并且常常是因为他们想规避附加条款。这些条款可能迫使他们遵照由社区规定的设计标准。人们可能坚持他们竞争的"权利"，比如：宁可通过利用可获取的财富铺好每一小步路，而不是去建一些风景区；宁可创造几个街道的联接口，而不是提供一、两个联接口，并安装他们所能负担得起的最高、最大的霓虹电子标志牌。

这种态度似乎源于深深扎根于自由资本主义市场社会，尤其是美国社会中基本的个人主义价值观。它不是财产或商业所有者所特有的,也不是就规范而言不正确的信念或不寻常的自利行为。相反,它是对人们所提出的关于个人与集体联系的特定理解中的变革所作回应的产物,是一种基于实践的历史知识和为人们接受的价值观。在这一理解中,期望人们抵制那些将会在当前或未来以强力促成变革的公共行动是合乎理性的,同时也可以保留他们对个性化社区的偏好——这种对个性化社区的偏好与人们一起规划其生活空间的理念形成了对照。

这种抵制可采用如下的形式进行:与被任命的计划委员会成员和当选的市议会议员讨论、聘请律师或私人部门的规划师反对公共规划人员的建议或行动;鼓励当选官员或高级行政官员制止或解雇那些提出他们不认可的举措的决策者,等等。常常会有这样的情况:那些被任命或被选举的地方领导者自己亲身参与从不动产中获利的行为,并且支持"反对就政策中的替代选择和潜在变革进行公共讨论"的立场。在某些地方,人们反对个人主义/市场导向,支持社区公共利益认同的倾向,在委员会和理事会中变得很明显,这使得规划者们有更大的自由去介绍变革的可能性(Box,1998)。

专业规划师为使公众知晓改变街景的规范性技术而付出的努力,或许会被人们看作对当选官员的权威的直接的、反抗性的威胁,大多数人并没有意识到影响居民日常生活的街景设计能由公众自觉选择而不一定是个人行为的随机结果。如果了解了或许可用的规划技术,一些居民可能会使他们的利益与企业主和当选官员的利益相一致,因为现行文化中到处充斥着市场个人主义,但有些人可能希望对可替代选择加以讨论,或者支持那些希望这么做的人。如果因此引起讨论,那么这样的讨论将会变得激烈,因为变革的反对者会以集体主义议程为由,把职业规划者排斥为局外人。对决策者和其他公职人员来说，在变革实施时，因发起关于变革的讨论或执行新的规章而被解雇是很平常的事。正如查尔斯·霍克（Charles Hoch, 1994, pp.1-2）写道的那样："在我们自由民主的社会中，职业规划者面临着一个严重的问题。在美国，规划者处于一个不稳定的制度和专业位置上，这种状况源于个人目的和普遍利益之间、专业的判断和市民偏好之间的张力"。

由于冷漠、缺乏信息，通过公关程序和压制对有争议问题的讨论、精英的思想灌输（比如通过"领袖"训练计划）以及掩盖了可替代知识的单向度社会的影响，在信息和决策公开即自主决定的背景下，这些公民的偏好与公共偏好几乎毫无相似之处。不过尽管如此，普通民众的利益与构建和使用公共部门为他们自己谋利益的政治经济界的精英之间的分歧仍然不应该被夸大。

洛根和莫罗奇（1987）借助马克思主义的"交换价值"与"使用价值"范畴对这样的区分进行了说明。交换价值是城市环境作为一种赢利场所时的经济价值，使用价值则是城市环境作为一种居住地的美学价值。这是一种有益的区别，但即使是完全知情和被授权可以改变社区事务的公众，也不会选择仅仅追求使用价值。保罗·彼得森（1981）阐述了他的经济观点：每一个人在地方区域里都处在同一条经济之舟上，拥有财富的成功人士将会使低于社会经济水平线的人受益。尽管这种"涓滴"（trickle-down）模式已被新保守主义者用来证明牺牲多数人利益来使富人受益的重新分配政策是正确的，但许多人都在社区良好的经济环境下受益，也是事实。的确，就算经济增长与其影响之间需要权衡——比如空气污染和交通拥挤，大多数人也不会欢迎可能威胁他们工作的经济停滞或萧条。如果运用财富和权力限制公共知识和公众参与决策的程度不是控制大多数人的少量精英的明确事务，那么它就变成了涉及信息如何获取、决策过程如何得以开放并接受那些选择参政的人介入其中的微妙局面。

在变革、批判性想象以及自主决定的批判理论框架里，公众的利益与那些对政府行为有极大影响力的人的利益之间有潜在的冲突。除非大众有充分的信息和机会参与决策过程，否则他们不可能知道这种冲突的存在；即便如此，由于在单向度社会中的概念化先决条件的作用，人们或许也很难确定冲突的存在。然而，仍然存在很多这样的情况：其中的冲突相对明显，并且相当一部分居民宁愿对现状的替代选择加以审查，使改变成为可能。在这些情况下，人们可以运用批判想象来勾勒不同的社区前景。

勾勒不同的社区前景，就假定了公众参与由精英掌控的公共政策过程的可能性。对于有些社区居民，在特定情境下，这种可能性或许并不存在。我们不妨举一个城市再发展的例子。斯科特·库明斯和爱德蒙·斯奈德（Scott Cummings and Edmond Snider）发现，掌权者利用土地使用规则的工具，把穷人迁到任何对掌权者自身最有利的地方。正如他们所讲到的，"在美国城市中，政策法规的实施行为可以通过城区内土地使用所显现出来的阶级冲突得到最好的理解"（1988, p. 156）。这样，当富人寻求居住地的进一步改善时，"穷人和工人阶级就被简单地迁移或安置于城市的另一区域，就像富人棋盘上的棋子一样"（p. 178）。

我们也常常遇到另一种案例，它涉及与用来抵消系统扩展成本的建设许可相关的收费的使用。比如污物收集和处理、水处理和供应、公园和学校建设、主街道扩展等。收取这些费用，就是把未来发展必须的系统扩展成本从现在的居民和企业主那里，转移到开发商或新房和商业建筑的购买者那里（Logan & Molotch, 1987, pp. 86 – 88；Nelson, 2000, p. 391, pp. 412 – 413）。然而，开发商和其他从发展中受益的人（土地所有者、房地产经纪、代理律师、银行家、建筑材料供应商等）可能会迫使获选官员和专业人员将系统收费保持在低位，避免对各社区间收费水平进行公开比较，或对目前居民为未来系统扩展所支付的实际费用加以分析。如果即使努力压制，这种信息还是为公众所知，那么有人就会作出供给学派的辩解（supply-side argument），说投资的增加会使所有人受益，因为随着人口的增长，经济机会也会增多。他们努力避免对拥挤、污染，以及要求增加街道、学校和其他公共基础设施容纳能力所需费用进行讨论，除非这些讨论是由那些关心增长的公民所提出的。

尽管有这些对公众信息加以操纵的例子，人们仍然有机会实施自治。回到前面提到的街区景观的例子，如果知情的社区居民认识到当前的实践与他们所共同期望的未来之间存在冲突，他们设想未来可能怎样并采取措施影响公共规制行为，那么他们就已经启动了自主决定的进程。一段时间后，这不仅会促成一种大不同于以前的社区形象，而且还会出现一种更加开放和民主的治理。这可能意味着社区事务不会总是处在和平或一致的状态之下。正如尚塔尔·墨菲（Chantal Mouffe, 2000, p. 104）写道的那样："运行良好的民主政体要求民主的政治立场作出有活力的冲击"。这种冲击以"构成政治立场的不可判定性的维度与对抗的根深蒂固性为特征"（p. 105）。

批判实践的目的

以上的讨论概述了在确定自治公众的过程中历史和当代的挑战，并且运用批判视角描述了社区的政治和经济背景。它暗示着：由有钱有权的人所把持的社会控制和广大公民的需要之间的历史性矛盾，已经在当代全球资本主义中消解为这样一种状态：在这种状态下，

第七章 批判实践与发现公众的问题

可替代性的知识变得微乎其微甚至不复存在,并且很少有人希望参与到公共部门的治理行为中。人们能够在地方社区中发现这种"单向度性"(one-dimensionality)的存在。在地方社区中,虽然自治的可能性经常无法得到特别保证,但是仍然存在着制定可替代性的未来的潜力。因为地方社区的数量成千上万,所以变革的潜在可能也是千变万化的。在一些地方,社区精英将逐渐意识到分享机会的公民义务;但在许多其他地方,用来保护个人利益的公共权力的使用则以公共决策模式为其特征。在一些地方,公民会坚持参与公共决策过程,而在其他地方,他们则或多或少地对此持消极态度。

在公共行政领域,一个长期的问题是:公共服务实践者能够或应该合法地做多少努力,来改变当前的知识和权力的不均衡,并且变革在现行法律和政治系统内是如何发挥作用的。不是所有的实践者都意识到矛盾的存在,并希望着手改变。一些人接受单向度的思想,并完全安于现状;而有些人则将自己看作中立的职员,无论周遭的政治经济系统的性质如何,他们总是在"间接民主"的代议制系统内,随时准备接受上层的政策指令。此外也存在参与行政裁量实践的专业的公共服务者的范例(Wamsley,1990),以及受批判理论鼓舞的社会变革模型(Box,1995,1998;Zahetti,1997)。

然而,在今天的政治经济环境中,由于政治领导者推行"像经营企业那样运营政府",所以作为企业式市场经营者的公共实践者角色占据了主流。本章的目的不是要对公共服务实践者的角色进行重新讨论或予以展开,而是要在社区层面上为理解批判理论提供一个政治的和经济的框架。那些希望为人们(然而只是一小部分人)创造一个开端与机会的实践者或许会用到这一框架,使之了解对未来加以选择的自由,以及对其加以筹划的方法。

在公共行政领域中,批判理论只得到了有限的讨论与运用。这可能是因为在单向度的社会中，人们变得无法意识到潜在的替代选择；或者是因为他们不愿见到矛盾冲突——由于矛盾会挑战现状、令人烦乱而且危险四伏；或者是因为引发批判思想的社会问题已经解决了，消除了思考未来与现在的价值观和目的的差异的需要。在后现代主义、新保守主义、消费主义的论著中，人们可以找到接受确定的知识、消除替代性知识的正当理由。三者之中的任何一种观念中，变革的辩证法都在消退，成为模糊的记忆。在过去的20年里，在公共行政中对批判理论的提倡已经日见式微，取而代之的是市场隐喻。在一定程度上，超越高效技术主义的可能性的概念化看起来似乎是空想的、怀旧的并且愚不可及的乌托邦。虽然之前人们选择改变事物的进程——就像他们在20世纪60和70年代开始做的（妇女运动、公民权、环境）那样——看起来是可能的（如果并非适合的话），但现在，一个人所希望做的全部事情，似乎只能是对公民、政府以及自然环境的早期社会理解的衰退加以最小化。正如本·阿格（2002，p.205）所定义的，这种衰退是"现代主义计划不是在厌世的、后政治的、后现代主义方向上的毁灭，而是在野蛮主义、路德主义、科学拒斥方向上的毁灭"。

人们不难表明，那些将会引发批判性思维的社会问题，并未得到解决。而且，批判理论也比以往任何时候都更合乎人的需要。以下文字节选自贝斯特和凯尔纳（2001）对当代社会的描述：

> 在美国，20世纪30年代的"新政"① 和60年代的"伟大社会"（Great Society）都走向了机能失调的福利国家。90年代，这一机能失调的福利国家建立了一个规制性的工作福利营地

---

① New Deal，指美国罗斯福30年代实施的内政纲领。——译者注

(disciplinary workfare camp)和监狱工业化集合体(prison-industrial complex),然而仍有上百万人继续在"社会安全网"(social safety net)中被遗漏。在全球范围内,新解放主义已取代了社会民主主义。随着苏联的解体,侵略性的全球资本主义和它高度商品化的麦当劳文化(McCulture)已经占据了霸权地位,没有任何其他历史形态能取而代之。

……在过去的十年中,我们可看到经济发展的高度不平衡加剧了城市暴乱,如青少年犯罪、枪支扩散、凶杀罪案、毒瘾和酒瘾的多发率、离婚率的持续增加、工资的下降、空前的消费债务,以及贫富之间不断增长的分配不均等。在这个高新技术发展的世界中,生存变得很困难并越来越危险(p.3)。

通过讨论经济扩展对环境、单边军事侵犯、恐怖袭击、饥饿、内战、非洲的艾滋病流行等的影响,这种悲观的印象会被放大。不仅在民族国家层面,而且在任何地方,甚至在最小的社区内都可以感觉到这些因素的影响。这反映了个人自由资本主义的强化以及马尔库塞所叙述的技术、组织和工作的必要性。这确实是一种单向度的社会现实。在这样的现实中,用来保存文明的社会控制已急剧超越了所需的水平,产生出一种马尔库塞所说的"过度压制"(surplus repression)(1955, pp.21-54)。一种单向度的、压制性的现实支撑着当前的政治和经济体制,当前的政治和经济体制构成了"在不断扩张的进程中,贪婪而且对抗的社会"(p.45),在工作场所内和私人生活中,产生出控制和支配。虽然这种背景并不广阔,但人们已在公共行政领域中对其有所认识(Adams et al., 1990; Box et al., 2001)。

就极端情境而言,批判理论能够发现法西斯主义、资本主义或国家社会主义下的社会状况是如此的不人道并具有异化倾向，以致连逃避都是不可想象的。那些支持社会变革的可能行动将被限制在乌托邦社会要么全有要么全无的梦想之中，这样的梦想意味着：如果不能完成，那么就放弃任何变革。法兰克福学派的理论家霍克海默和阿多诺发现他们自己处在这样一种概念化情境之中，因为他们对社会状况的理解是如此的苍白无力。大众媒体和文化产业甚至剥夺了人们想象可替代性未来的可能性，因此，"似乎矛盾的存在、或至少是对矛盾存在的认识，都处于危险之中"（Jay，1973，p. 276）。

在20世纪60到70年代的抗议运动中，马尔库塞（1972，p. 76）看到了社会变革的一些希望，尽管他保留了马克思主义"从压制到解放的彻底转变、而非部分、逐渐改良"的承诺。他写道，朝单向度社会的"逆势而动"（reversal of the trend）或许开始于"在特殊场合下的反抗、在地方和小团体层面上的联合抵制和不参与"（Marcuse，1965，p. 101）。

自70年代马尔库塞对这些问题加以思考以来，人们关于变革可能性的认识似乎已经受到局限，尽管凯尔纳（1989）仍然撰文写道，单向度的社会观念有着"深度缺陷"。根据凯尔纳的观点〔1989，p. 203，引自马克思在《剩余价值论》（Theories of Surplus Value）中对"批判理论"的解释〕，这是因为"资本主义社会应该被看作是高效理性（streamlined rationality）与强势理性（intense rationality）、组织和组织分裂、危机倾向与致力于危机管理的特殊结合体"。生产与消费的必要、积累利润的扩张、人际联系的人性需要、工作执行以及和自然环境更紧密的联系——这些因素之间的矛盾逐渐开始定期浮现，结果导致了变革机会的产生，而不是对可替代选择的持续压制。

这一观点比马尔库塞的观点更乐观些。基于凯尔纳于大约15年前所描述的全球形势中的变革以及对马尔库塞思想的重新解读，我们可以提出一种新的论据来反对这个观点。全球形势中的变革是向前发展的，随着两极世界的坍塌和国际化商业、媒体和文化日益占据主导地位（Barber，1995），确认产生关于变革需求的大量公众认识的危机观念越来越困难；至于马尔库塞的思想，我们可以十分明确地论证，他指出了政治和公众态度将会逐渐融入社会和制度结构中，这是颇有远见的。马尔库塞认为："高度发达的意识和想象可以产生在先进物质条件下对激进变革的迫切需要。公司资本主义的力量阻止了这种意识和想象的出现；它的大众媒体则调整其理性和感性功能来适应它的市场与政策并操控它们来维护其支配地位"（Marcuse，1969，p. 15）。在这种情况下，假想中的民主政治体系反而是抑制对当前社会加以挑战的一种手段，以致"准民主过程"（semi-democratic process）必然反对激进变革，因为它产生并维持着大多数人的意见，而这些人的看法是由现状中占主导的利益所造成的。由于这种状况得以盛行，所以人们就可以明智地指出，公意（general will）总是错误的——造成错误的原因是由于它客观上阻碍了社会向更人道的生活方式的可能转变"（p. 65）。

在美国，正存在着一种走向国家主义、世界主导以及极端保守的国内政策的倒退性的当代变迁。人们设计极端保守的国内政策，是为了以多数人利益和自然环境为代价，来充实少数人的利益。这样的政策受到一种人为创造出来的公众舆论的支持。这种舆论经常是无知而且过分简单化的，对于公共问题喜欢采取强制性和惩罚性的解决措施。有人可能会说，这种情况并不新鲜，例如20世纪50年代麦卡锡时代（McCarthy era）的观点或者越南战争期间的态度。不管这或许有多么准确，现在的问题是：是否存在这样的可能性，使权力的强大结合得以减弱，并且为可供替代选择的思想和行动展现开端。50 年代让位于 60 年代，但从 80 年代到新世纪的头几年，社会似乎只是沿着马尔库塞所描述的那个方向发展。

贝斯特和凯尔纳（1991）提倡"在技术资本主义"（techno-capitalist）社会中进行一种"批判社会理论的重建"。和后现代理论一致，他们认为，虽然一种经过重建的批判理论将会认识到出现在当代情境中的多元性与差异，但是它仍会毫不犹豫地将这样的情境理论化。这是因为："纵使反对利奥塔和其他反对宏观理论、系统分析、宏大历史叙事的人，我们仍然认为现在我们确实需要这种涵盖广泛的理论，力图藉之把握由资本主义在消费、媒体、信息等领域所承担的新的总体特征。从这个角度看，人们需要新的批判理论来定义、描述并解释宏观的社会进程"（p.301）。对贝斯特和凯尔纳来说，后现代对"系统而历史的理论"的厌恶是"成问题的"（p.273）。因为没有它，"我们被迫生活在没有清晰标示的碎片之中，这种标示反映着新新技术和社会发展对我们社会生活的不同领域所产生的影响"（p.301）。

虽然本章为了批判的实践而提出的理解框架（辩证性变革、批判想象、自主决定）所运用的社会状况分析和理论背景，与贝斯特和凯尔纳倡导的重构思想多少有些不同，但二者的目的是相同的。它们的目的都是运用批判性概念推动社会理论和实践的发展，并且朝着替代既定现实的方向踏出可能的步伐。我们并不主张这一框架对所有理论家和实践者都至关重要，而且有潜力替代所有其他的理论模式。相反，有些人或许发现它作为一种基本的概念工具很有用；而对另一些人来说，它或许可以作为职业任务的日常实践模式的背景。较受关注的日常实践模式有："参与性研究者"（Zanetti, 1997）或"助手"（Box, 1998）的批判模式、以及基于社会公平、效率、合法性、话语等的模式。此外，它也很符合大卫·约翰·法默

（1995）的"反行政"模式。法默的"反行政"观点认为，公共实践者应该谨慎地、尝试性地行使他们的权力，并关注"私人生活"（Box，2001）。

批判性框架假定，发达工业（或后现代早期——读者往往选择这一提法）社会的特征反映了前述的现象。这样，由于认识到媒体和公民社会领域中相关的社会属性，以及在文献、艺术中和在对全球化、限制个人自由、毁灭性发展等的抗议中所体现出的拒斥的地方化观点的存在，生产、消费和积累的经济规则就成为社会情境的一个重要特性了。

在有些情况下，某些公共服务的实践者或许会发现，通过确认矛盾、设想变革的可能性、协助人们寻找自主决定手段的过程，将有助于鼓励社会变革。在一定程度上，他们可能会通过提供关于历史实践的知识、对当前实践的可替代选择、改变现有状况的合法的制度性限制和技术、政治经济背景以及公共利益（然而这一概念或许有些复杂、多元而且易变）和现实条件之间的关系，来做到这一点。

除了提供知识，实践者们或许还可以通过多种形式让公众参与到决策过程之中。这些形式包括：组织和促成会议（话语背景）、把公民和专业的和政治的决策者汇集到一起并且对议题的程序和实质提出建议。这些行为的实施是困难、复杂、冒险的，因为公众成员将以多种方式作出回应；而且，那些认为拥有知识和机会参与决策过程的公众将会危及其利益的掌权者，或许会转向限制这一过程并可能会惩罚相关的实践者。表面上看起来具有参与性和一致性倾向的公共话语过程，实际上可能会压制关于社会经济不平等、权力差异以及扭曲的利益代表的影响的冲突性表达（Cohen & Rogers，2003年；Mansbridge，2003年）。冯和赖特（Fung and Wright，2003）认为，以地方对抗性组织的形式出现的"补偿性权力（countervailing power）能够在一定程度上抵消这些影响"，但这是否足以（跨越时间地）抵消广泛的社会结构和实践的影响，还有待我们去考察。

有时为变革而工作所付出的努力似乎是不值得的，并且确实存在着悲观主义的理由。哈维（Harvey，1985，p.184）描述了政治和经济系统中城市规划者所遇到的困境，这一系统处处妨碍着他们："规划者似乎注定要经历四处碰壁的生活"，在这个系统中，"规划理论夸夸其谈的理想频繁地被转换为一线工作中脏兮兮的实践"。然而，尽管在由批判性框架所勾勒的社会中，存在着诸多工作困难，但关心建设性社会变革的公共专业人员还是会保留面对未来的希望。

参考文献

Adams, G. B., Bowerman, P. V., Dolbeare, K. M,, & Stivers, C. (1990). Joining purpose to practice: A democratic identity for the public service. In H. D. Kass & B. L. Catron (Eds.), *Images and identities in public administration* (pp. 2/9 - 240). Newbury Park, CA: Sage.

Agger, B. (1992). *The discourse of domination: From the Frankfurt school lo postmodernism.* Evanston, IL: Northwestern University Press.

Agger, B. (2002). *Postponing the postmodern: Sociological practices, selves, and theories.* Lanharn, MD: Rowman & Littlefield.

Alway, J. (1995). *Critical theory and political possibilities: Conceptions of emancipatory politics in the works of Horkheimer, Adorno, Marcuse. and Habermas.* Westport. CT: Greenwood Press.

Anglin, R. (1990). Diminishing utility: The effect on citizen preferences for local growth. *Urban Affairs Quarterly*, 25, 684 - 696.

Banfield, E. G., & Wilson, J. Q. (1963). *City politics.* Cambridge., MA: Harvard University Press.

Bang, H. P., Box, R. C., Hansen, A. P., & Neufeid, J. J. (2000). The state and the citizen: Communitarianism in the United States and Denmark. *Administrative Theory & Praxis*, 22, 369 - 390.

Barber, B. R. (1984). *Strong democracy: Participatory politics for a new age.* Berkeley: University of California Press.

Barber, B. R. (1995). Jihad vs. McWorld, New York: Ballantine Books.

Bennett, L. W. (1998). The uncivic culture: Communication, identity, and the rise of lifestyle politics. *Political Science & Politics*, 31, 741 – 761.

Berkhofer, R. F. (1995). *Beyond the great story: History as text and discourse.* Cambridge, MA: Harvard University Press.

Berry, J. M., Portney, K. E., & Thomson, K. (1993). *The rebirth of urban democracy.* Washington, D. C.: Brookings Institution.

Best, S., & Kellner, D. (1991), *Postmodern theory: Critical interrogations.* New York: Guilford Press.

Best, S., & Kellner, D. (1997). *The postmodern turn.* New York: Guilford Press.

Best, S., & Kellner, D. (2001). *The postmodern adventure: Science, technology, and cultural studies at the third millennium.* New York: Guilford Press.

Betsworth, R. G. (1990). *Social ethics: An examination of American moral traditions.* Louisville, KY: Westminster/John Knox Press.

Bohman, J. (1996). *Public deliberation: Pluralism, complexity, and democracy.* Cambridge, MA: MIT Press.

Booker, M. K. (2001). *Monsters, mushroom clouds, and the Cold War: American science fiction and the roots of postmodernism*, 1946 – 1964. Westport, CT: Greenwood Press.

Booker, M. K. (2002). *The post-utopian imagination: American culture in the long 1950s.* Westport, CT: Greenwood Press.

Bottomore, T. (1984). *The Frankfurt school and its critics.* London: Routledge.

Bowles, S., & Gintis, H. (1986). *Democracy and capitalism: Property, community, and the contradictions of modern social thought.* New York: Basic Books.

Box, R. C. (1992). The administrator as trustee of the public interest: Normative ideals and daily practice. *Administration and Society*, 24, 323 – 345.

Box, R. C. (1995). Critical theory and the paradox of discourse. *American Review of Public Administration*, 25, 1 – 19.

Box, R. C. (1998). *Citizen governance: Leading American communities into the twenty-first century.* Thousand Oaks, CA: Sage Publications.

Box, R. C. (2001). Private lives and anti-administration. *Administrative Theory & Prax-*

is, 23, 541 – 558.

Box, R. C. (2002). Pragmatic discourse and administrative legitimacy. *American Review of Public Administration*, 32, 20 – 39.

Box, R. C. (2003). Contradiction, Utopia, and public administration. *Administrative Theory & Praxis*, 25, 243 – 260.

Box, R. C. (2004). *Public administration and society: Critical issues in American governance*. Armonk, NY: M. E. Sharpe.

Box, R. C., & King, C. S. (2000). The "T" ruth is elsewhere: Critical history. *Administrative Theory & Praxis*, 22, 751 – 771.

Box, R. C., Marshall, G. S., Reed, B. J., & Reed, C. M. (2001). New public management and substantive democracy. *Public Administration Review*, 61, 608 – 619.

Braaten, J. (1991). *Habermas's critical theory of society*. Albany: State University of New York Press.

Burrell, G., & Morgan, G. (1979). *Sociological paradigms and organizational analysis: Elements of the sociology of corporate life*. Portsmouth, NH: Heinemann.

Campbell, J. (1995). *Understanding John Dewey: Nature and cooperative intelligence*. Chicago: Open Court.

Catron, B. L., & Hammond, B. R. (1992). Epilogue: Reflections on practical wisdom— enacting images and developing identity. In H. D. Kass & B. L. Catron (Eds.), *Images and identities in public administration* (pp. 241 – 251). Newbury Park, CA: Sage.

Cleveland, H. (1985). The twilight of hierarchy: Speculations on the global information society. *Public Administration Review*, 45, 185 – 195.

Cohen, J., & Rogers, J. (2003). Power and reason. In A. Fung & E. G. Wright (Eds.), *Deepening democracy* (pp. 237 – 255). London: Verso.

Cooper, T. L. (1991). *An ethic of citizenship for public administration*. Englewood Cliffs, NJ: Prentice Hall.

Cooper, T. L. (1998). *The responsible administrator: An approach to ethics for the administrative role*. San Francisco: Jossey-Bass.

Cornell, S. (1999). *The other founders: Anti-federalism and the dissenting tradition in America*, 1788 – 1828. Chapel Hill: University of North Carolina Press.

Cummings, S., & Snider, E. (1988). Municipal code enforcement and urban development: Private decisions and public policy in an American city. In S. Cummings (Ed.), *Business elites and urban development: Case studies and critical perspectives* (pp. 153 – 181). Albany: State University of New York Press.

Dahl, R. A. (1961). *Who governs? Democracy and power in an American city.* New Haven, CT: Yale University Press.

Denhardt, R. B. (1981a). Toward a critical theory of public organization. *Public Administration Review*, 41, 628 – 635.

Denhardt, R. B. (1981b). *In the shadow of organization.* Lawrence: Regents Press of Kansas.

Dewey, J. (1927). *The public and its problems.* Athens, OH: Swallow Press.

Dow, F. D. (1985). *Radicalism in the English revolution*, 1640 – 1660. Oxford: Basil Blackwell.

Duby, G. (1985). Ideologies in social history. In J. LeGoff & P. Nora (Eds.), *Constructing the past: Essays in historical methodology* (pp. 151 – 165). Cambridge, UK: Cambridge University Press.

Dye, T. R., & Zeigler, L. H. (1987). *The irony of democracy: An uncommon introduction to American politics* (7th ed). Monterey, CA: Brooks/Cole.

Ebert, T. L. (1996). *Ludic feminism and after: Postmodernism, desire, and labor in late capitalism.* Ann Arbor: University of Michigan Press.

Elshtain, J. B. (1981). *Public man, private woman: Women in social and political thought.* Princeton, NJ: Princeton University Press.

Engels, F. (1877). *Anti-DÜiihring.* Retrieved Oct. 24, 2002, from www.mandsts.org/archive/marx/works/1877/anti-duhring/ch10.htm#435, 3.

Etzioni, A. (1998). *The essential communitarian reader.* Lanham, MD: Rowman & Littlefield

Farmer, D. J. (1995). *The language of public administration: Bureaucracy, modernity, and postrnodernity*. Tuscaloosa: University of Alabama Press.

Farmer, D. J. (Ed.). (1998). *Papers on the art of anti-administration*. Burke, VA: Chatelaine Press.

Farmer, D. J. (2000a). Great refusals and the administered life. *Administrative Theory & Praxis*, 22, 640 – 646.

Farmer, D. J. (2000b). The ladder of organization-think: Beyond flatland. *Administrative Theory & Praxis*, 22, 66 – 88.

Fay, B. (1987). *Critical social science: Liberation and its limits*. Ithaca, NY: Cornell University Press.

Finer, H. (1941). Administrative responsibility in democratic government. *Public Administration Review*, 1, 335 – 350.

Follett, M. P. (1998). *The new state: Group organization the solution of popular government*. University Park: Pennsylvania State University Press. (Original work published 1918)

Forester, J. (1980). Critical theory and planning practice. *Journal of the American Planning Association*, 46, 275 – 286,

Fox, C. J. (1992). What do we mean when we say "professionalism"? A language usage analysis for public administration. *American Review of Public Administration*, 22, 1 – 17.

Fox. C. J., & Cochran, C. E. (1990). Discretion advocacy in public administration theory: Toward a Platonic guardian class? *Administration and Society*, 22, 249 – 271.

Fox, C. J., & Miller, H. T. (1995). *Postmodern public administration: Toward discourse*. Thousand Oaks. CA: Saee,

Eraser, N. (1989). Unruly practices: *Power, discourse, and gender in contemporary social theory*. Minneapolis: University of Minnesota Press.

Frazer, F, & Lacey, N. (1993). *The politics of community: A feminist critique of the liberal-communitarian debate*. Toronto: University of Toronto Press.

Frederickson, H. G. (1980). *New public administration*. Tuscaloosa: University of Alabama Press.

Fukuyama, F. (1992). *The end of history and the last man.* New York: Free Press.

Fung, A., & Wright, E. O. (2003). Countervailing power in empowered participatory governance. In A. Fung & E. O. Wright (Eds.), *Deepening democracy: Institutional innovations in empowered participatory governance* (pp. 259–289). London: Verso.

Geuss, R. (1981). *The idea of a critical theory: Habermas and the Frankfurt school.* Cambridge, UK: Cambridge University Press.

Gruber, I. E. (1987). *Controlling bureaucracies: Dilemmas in democratic governance.* Berkeley: University of California Press.

Habermas, J. (1970). *Toward a rational society: Student protest, science, and politics.* Boston: Beacon Press.

Habermas, J. (1998). The different rhythms of philosophy and politics: For Herbert Marcuse on his one hundredth birthday. In D. Kellner (Ed.), *Collected papers of Herbert Marcuse: Towards a critical theory of society* (Vol. 2, pp. 233–238). London: Routledge.

Hansen, K. N. (1998). Identifying facets of democratic administration: The empirical referents of discourse. *Administration & Society*, 30, 443–461.

Harmon, M. M. (1981). *Action theory for public administration.* New York: Longman.

Harrigan, J. J. (1989). *Political change in the metropolis* (4th ed.). Glenview, IL: Scott, Foresman.

Harvey, D. (1985). *The urbanization of capital.* Oxford: Basil Blackwell.

Harvey, D. (2000). *Spaces of hope.* Berkeley: University of California Press.

Harvey, D. (2001). *Spaces of capital: Towards a critical geography.* New York: Routledge.

Hoch, C. (1994). *What planners do: Power, politics and persuasion.* Chicago: Planners Press.

Holorenshaw, H. (1971). *The Levellers and the English revolution.* New York: Howard Fertig.

Horkheimer, M. (1947). *Eclipse of reason.* New York: Continuum.

Horkheimer, M. (1972). *Critical theory: Selected essays.* New York: Herder and Herder.

参考文献

Horkheimer, M., & Adorno, T. (1944). *Dialectic of enlightenment*. New York: Continuum.

Howe, E., & Kaufman, J. (1979). The ethics of contemporary American planners. *Journal of the American Planning Association*, 45, 243-255.

Hummel, R. P. (1991). Stories managers tell: Why they are valid as science. *Public Administration Review*, 51, 31-41.

Hunter, F. (1953). *Community power structure*. Chapel Hill: University of North Carolina Press.

Jacques, R. (1996). *Manufacturing the employee: Management knowledge from the nineteenth to twenty-first centuries*. Thousand Oaks, CA: Sage.

James, W. (1907). *Pragmatism: A new name for some old ways of thinking*. New York: Longmans, Green.

Jay, M. (1973). *The dialectical imagination: A history of the Frankfurt school and the Institute of Social Research, 1923-1950*. Boston: Little, Brown.

Johnson, D. B. (1991). *Public choice: An introduction to the new political economy*. Mountain View, CA: Mayfield.

Judge, D., Stoker, G., & Wolman, H. (1997). *Theories of urban politics*. Thousand Oaks, CA: Sage.

Kautz, S. (1996). The postmodern self and the politics of liberal education. *Social Philosophy and Policy*, 13, 164-189.

Kellner, D. (1984). *Herbert Marcuse and the crisis of Marxism*. London: Macmillan Education.

Kellner, D. (1989). *Critical theory, Marxism, and modernity*. Baltimore, MD: Johns Hopkins University Press.

Kellner, D. (1998). Preface. In D. Kellner (Ed.), *Technology, war and fascism: Collected papers of Herbert Marcuse* (Vol. 1, pp. xiii-xvi). London: Routledge.

Kellner, D. (2001). Introduction. In D. Kellner (Ed.), *Towards a critical theory of society: Collected papers of Herbert Marcuse* (Vol. 2, pp. 1-33). London: Routledge.

King, C. S. (2000). Talking beyond the rational. *American Review of Public Administra-*

tion, 30, 271 -291.

King, C. S. , & Stivers, C. (1998). *Government is us: Public administration in an antigovernment era.* Thousand Oaks, CA: Sage.

KMin, J. J. (1996). The big questions of public administration in a democracy. *Public Administration Review*, 56, 416 -423.

Kotter, J. P. , & Lawrence, P. R. (1974). *Mayors in action: Five approaches to urban governance.* New York: John Wiley and Sons.

Lewis, S. (1991). The town that said no to sprawl. In J. M. DeGrove (Ed.), *Balanced growth: A planning guide for local government* (pp. 18 -26). Washington, D. C. : International City Management Association.

Lincoln, Y. S. , & Cuba, E. G. (1985). *Naturalistic inquiry.* Newbury Park, CA: Sage.

Lippmann, W. (1997). *Public opinion.* New York: Free Press. (Origind) work published 1922)

Lippmann, W. (2. 002). *The phantom public.* New Brunswick, NJ: Transaction Publishers. (Original work published 1927)

Logan, J. R. , & Molotch, H. L. (1987). *Urban fortunes: The political economy of place.* Berkeley: University of California Press.

Loveridge, R. O. (1971). City managers in legislative politics. *Indianapolis: Bobbs-Merrill.*

Lowery, D. , DeHoog, R. H. , & Lyons, W. E. (1992). Citizenship in the empowered locality: An elaboration, a critique, and a partial test. *Urban Affairs Quarterly*, 28, 69 -103.

Lowi, T. J. (1993). Legitimizing public administration: A disturbed dissent. *Public Administration Review*, 53, 261 -264.

Ludtke, A. (Ed.). (1995). *The history of everyday life: Reconstructing historical experiences and ways of life.* Princeton, NJ: Princeton University Press.

Lynd, R. S. . & Lynd, H. M. (1937). *Middletown in transition.* New York. Harcourt. Brace.

参考文献

Lynn, L. E.. Jr. (2001). The myth of the bureaucratic paradigm: What traditional public administration really stood for. *Public Administration Review*, *61*, 144 -160.

Macpherson, C. B. (1977). *The life and times of liberal democracy*. Oxford: Oxford University Press.

Mansbridge, J. (2003). Practice-thought-practice. In A. Fung & E. O. Wright (Eds.), *Deepening democracy* (pp. 175 -199). London: Verso.

Marcuse, H. (1941). *Reason and revolution: Hegel and the rise of social theory*. Boston: Beacon Press.

Marcuse, H. (1955). *Eros and civilization: A philosophical inquiry into Freud*. Boston: Beacon Press.

Marcuse, H. (1960). Preface: A note on dialectic. In H. Marcuse, *Reason and revolution: Hegel and the rise of social theory* (pp. vii-xiv). Boston: Beacon Press.

Marcuse, H. (1964). *One-dimensional man: Studies in the ideology of advanced industrial society*. Boston: Beacon Press.

Marcuse, H. (1965). Repressive tolerance. In R. P. Wolff, B. Moore, Jr., & H. Marcuse, *A critique of pure tolerance* (pp. 81 -117). Boston: Beacon Press.

Marcuse, H. (1968). *Negations: Essays in critical theory*. Boston: Beacon Press.

Marcuse, H. (1969). *An essay on liberation*. Boston: Beacon Press.

Marcuse, H. (1970). *Five lectures: Psychoanalysis, politics, and Utopia*. Boston: Beacon Press.

Marcuse, H. (1972). *Counterrevolution and revolt*. Boston: Beacon Press.

Marcuse, H. (2001a). The problem of social change in the technological society. In D. Kellner (Ed.), *Collected papers of Herbert Marcuse: Towards a critical theory of society* (Vol. 2, pp. 37 -57). London: Routledge. (Original work published 1961)

Marcuse, H. (2001b). The individual in the Great Society. In D. Kellner (Ed.), *Collected papers of Herbert Marcuse: Towards a critical theory of society* (Vol. 2, pp. 61 - 80). London: Routledge. (Original work published 1966)

Marcuse, H. (2001c). Cultural revolution. In D. Kellner (Ed.), *Collected papers of Herbert Marcuse: Towards a critical theory of society* (Vol. 2, pp. 123 -162). London: Routledge. (Original work n. d. , ca. 1970)

Marcuse, H. (2001d). The historical fate of bourgeois democracy. In D. Kellner (Ed.), *Collected papers of Herbert Marcuse: Towards a critical theory of society* (Vol. 2, pp. 165 – 186). London: Routledge. (Original work n. d. , ca. 1972 – 73)

Marcuse, H. , & Neumann. F. (1998). A history of the doctrine of social change. In D. Kellner (Ed.), *Technology, war, and fascism: Collected papers of Herbert Marcuse* (Vol. 1, pp. 94 – 104). London: Routledge. (Original work n. d. , ca. 1941 – 42)

Marcuse, H. , & Popper, K. (1976). *Revolution or reform? A confrontation.* Chicago: New University Press.

Matthews, R. K. (1984). *The radical politics of Thomas Jefferson: A revisionist view.* Lawrence: University Press of Kansas.

Mattson, K. (1998). *Creating a democratic republic: The struggle for urban participatory democracy during the Progressive era.* University Park: Pennsylvania State University Press.

Mattson, K. (2002). *Intellectuals in action: The origins of the New Left and radical liberalism,* 1945 – 1970. University Park: Pennsylvania State University Press.

Maurer, R. C. , & Christenson, J. A. (1982). Growth and nongrowth orientations of urban, suburban, and rural mayors: Reflections on the city as a growth machine. *Social Science Quarterly,* 63, 350 – 358.

McDonald, F. (1985). *Novus ordo seclorum: Tlie intellectual origins of the Constitution.* Lawrence: University Press of Kansas.

McSwite, O. C. (1997). *Legitimacy in public administration: A discourse analysis.* Thousand Oaks, CA: Sage.

McSwite, O. C. (1998a). Liberalism (its present and future discontents) and the hope of collaborative pragmatism. *Public Productivity & Management Review,* 22, 271 – 278.

McSwite, O. C. (1998b). The new normativism and the discourse movement: A meditation. *Administrative Theory & Praxis,* 20, 377 – 381.

McSwite, O. C. (2000). On the discourse movement—a self interview. *Administrative Theory & Praxis,* 22, 49 – 65.

参考文献

McSwite, O. C. (2002). *Invitation to public administration.* Armonk, NY: M. E. Sharpe.

Miller, H. T. (1998). Method: The tail that wants to wag the dog. *Administration & Society*, *30*, 462–470.

Miller, H. T., & Nunemaker, J. R. (1999). "Citizen governance" as image management in postmodern context. *Administrative Theory & Praxis*, *21*, 302–308.

Mills, C. W. (1958). The causes of World War Three. New York: Simon & Schuster.

Mills, C. W. (1959). *The sociological imagination.* London: Oxford University Press.

Mills, C. W. (1962). The Marxists. New York: Dell.

Moe, T. M. (1984). The new economics of organization. *American Journal of Political Science*, *28*, 739–777.

Molotch, H. (1976). The city as a growth machine: Toward a political economy of place. *American Journal of Sociology*, *82*, 309–332.

Mouffe, C. (1993). *The return of the political.* London: Verso.

Mouffe, C. (1996). Deconstruction, pragmatism and the politics of democracy. In C. Mouffe (Ed.), *Deconstruction and pragmatism* (pp. 1–12). London: Routledge.

Mouffe, C. (2000). *The democratic paradox.* London: Verso.

Mumford, L. (1950a), The pragmatic acquiescence. In G. Kennedy (Ed.), *Pragmatism and American culture* (pp. 36–49). Boston: Heath. (Original work published 1926)

Mumford, L. (1950a). The pragmatic acquiescence: A reply. In G. Kennedy (Ed.), *Pragmatism and American culture* (pp. 54–57). Boston: Heath. (Original work published 1927)

Musso, J. A. (1999). Federalism and community in the metropolis: Can Los Angeles neighborhoods help govern Gargantua? *Administrative Theory & Praxis*, *21*, 342–353.

Nelson, A. C. (2000). Growth management. In C. J. Hoch, L. C. Dalton. & F. S. So (Eds.), *The practice of local government planning* (3rd ed., pp. 375–399). Washington, D. C.: International City/County Management Association.

Nietzsche, F. (1873). *On the use and abuse of history for life.* Retrieved Dec. 10, 2003 from www.mala.bc.ca/~johnstoi/Nietz.sche/liistory.htm.

Olson, M. (1965). *The logic of collective action: Public goods and the theory of groups.* Cambridge, MA: Harvard University Press.

Ostrom, V. (1991). *The meaning of American federalism.* San Francisco: institute for Contemporary Studies.

Patterson, P. M. (2000). Nonvirtue is not apathy: Warrants for discourse and citizen dissent. *American Review of Public Administration, 30*, 225 – 251.

Peterson, P. E. (1981). City limits. Chicago: University of Chicago Press.

Phillips, D. L. (1993). *Looking backward: A critical appraisal of communitarian thought.* Princeton, NJ: Princeton University Press.

Putnam, R. D. (2000). *Bowling alone: The collapse and revival of American community.* New York: Simon & Schuster.

Rasmussen, D. M. (1990). *Reading Habermas.* Oxford: Basil Blackwell.

Ricci, D. M. (1971). *Community power and democratic theory: The logic of political analysis.* New York: Random House.

Rohr, J. A. (1978). *Ethics for bureaucrats: . An essay on law and values.* New York: Marcel Dekker.

Rohr, J. A. (1986). *To run a constitution: The legitimacy of the administrative state.* Lawrence: University Press of Kansas.

Rohr, J. A. (1993). Toward a more perfect union. *Public Adminismition Review. 53*, 246 – 249.

Rorty, R. (1989). *Contingency, irony, and solidarity.* Cambridge, UK: Cambridge University Press.

Rorty, R. (1991). *Objectivity, relativism, and truth.* Cambridge, UK: Cambridge University Press.

Rorty, R. (1996). Response to Simon Critchley. In C. Mouffe (Ed.), *Deconstruction and pragmatism* (pp. 41 – 46). London: Routledge.

Rorty, R. (1998a). *Truth and progress.* Cambridge, UK: Cambridge University Press.

Rorty, R. (1998b). *Achieving our country: Leftist thought in twentieth-century America.* Cambridge, MA: Harvard University Press.

Rorty, R. (1999). *Philosophy and social hope*. London: Penguin Books.

Rorty, R. (2000). Response to JÜrgen Habermas. In R. B. Brandom (Ed.), *Rorty and his critics* (pp. 56 – 64). Maiden, MA: Blackwell.

Rorty, R. (2001). The continuity between the Enlightenment and "postmodernism." In K. M. Baker & PH. Reill (Eds.), *What's left of Enlightenment? A postmodern question* (pp. 19 – 36). Stanford, CA: Stanford University Press.

Rosenau, P. M. (1992). *Post-modernism and the social sciences: Insights, inroads, and intrusions*. Princeton, NJ: Princeton University Press.

Ross, B. H., Levine, M. A., & Stedman, M. S., Jr. (1991). *Urban politics: Power in metropolitan America* (4th ed.). Itasca, IL: F. E. Peacock.

Rossiter, R. (Ed.). (1961). *The federalist papers*. New York: New American Library.

Roth, M. S. (1995). *The ironist's cage: Memory, trauma, and the construction of history*. New York: Columbia University Press.

Rousseau, J. J. (1978). *On the social contract, with Geneva manuscript and political economy* (R. D. Masters, Ed.; J. R. Masters, Trans.). New York: St. Martin's Press.

Ruscio, K. P. (1998). Giving reason and politics their due: A response to O. C. McSwite's*Legitimacy in public administration: A discourse analysis. Public Productivity & Management Review*, 22, 268 – 271.

Ryan, A. (1997). Liberalism. In R. E. Goodin & P. Pettit (Eds.), *A companion to contemporary political philosophy* (pp. 291 – 311). Oxford: Blackwell.

Ryan, M. P. (1997). *Civic wars: Democracy and public life in the American city during the nineteenth century*. Berkeley: University of California Press.

Sandel, M. J. (1996). *Democracy's discontent: America in search of a public philosophy*. Cambridge, MA: Harvard University Press.

Schattschneider, E. E. (1960). *The semisovereign people: A realist's view of democracy in America*. Hinsdale, IL: Dryden Press.

Schon, D. A. (1971). *Beyond the stable state*. New York: W. W. Norton.

Schon, D. A. (1983). *The reflective practitioner*. New York: Basic Books.

Scott, F. E. (2000). Participative democracy and the transformation of the citizen. *American Review of Public Administration*, *30*, 252 – 270.

Scott, W. G., & Hart, O. K. (1979). *Organizational America*. Boston: Houghton Mifflin.

Sementelli, A. J., & Herzog, R. J. (2000). Framing discourse in budgetary processes: Warrants for normalization and conformity. *Administrative Theory & Praxis*, *22*, 105 – 116.

Sinopoli, R. C. (1992). *The foundations of American citizenship: Liberalism, the Constitution, and civic virtue*. Oxford: Oxford University Press.

Smith, B. G. (1998). *The gender of history: Men, women, and historical practice*. Cambridge, MA: Harvard University Press.

Spicer, M. W., & Terry, L. D. (1993). Legitimacy, history, and logic: Public administration and the Constitution. *Public Administration Review*, *53*, 239 – 246.

Stewart, D. W. (1992). Professionalism vs. democracy: Friedrich vs. Finer revisited. In R. B. Denhardt & B. R. Hammond (Eds.), *Public administration in action: Readings, profiles, and cases* (pp. 156 – 162). Pacific Grove, CA: Brooks/Cole.

Stivers, C. (1993). Rationality and romanticism in constitutional argument. *Public Administration Review*, *53*, 254 – 257.

Stivers. C (1994). The listening bureaucrat: Responsiveness in public administration. *Public Administration Review*, *54*, 364 – 369.

Stivers, C. (2000a). *Bureau men, settlement women: Constructing public administration in the Progressive era*. Lawrence: University Press of Kansas.

Stivers, C. (2000b). Public administration theory as a discourse. *Administrative Theory & Praxis*, *22*, 133 – 139.

Tilman, R. (1984). *C. Wright Mills: A native radical and his American intellectual roots*. University Park: Pennsylvania State University Press.

Tocqueville, Alexis de. (1969). *Democracy in America* (J. P. Mayer, Ed.; G. Lawrence, Trans.). Garden City, NY: Doubleday.

Tucker, R. C. (Ed.). (1972). *The Marx-Engels reader* (2nd ed.). New York: W.

W. Norton.

Ventriss, C. (2000). New public management: An examination of its influence on contemporary public affairs and its impact on shaping the intellectual agenda of the Reid. *Administrative Theory & Praxis*, 22, 500 – 518.

Vogel, R. K., & Swanson, B. E. (1989). The growth machine versus the antigrowth coa- lition: The battle for our communities. *Urban Affairs Quarterly*, 25, 63 – 85.

Waldo, D. (1980). *The enterprise of public administration: A summary view.* Novato, CA: Chandler & Sharp.

Wamsley, G. L., Bacher, R. N., Goodsell, C. T., Kronenberg, P. S., Rolir. J. A., Stivers, C. M., White, O. F., & Wolf, J. A. (1990). *Refounding public administration.* Newbury Park, CA: Sage.

Wamsley, G. L., Goodsell, C. T., Rohr, J. A., Stivers, C. M., White. O. F., & Wolf, J. F. (3987). The public administration and the governance process: Refocusing the Ameri- can dialogue. In R. C. Chandler (Ed.), *A centennial history of the American administrative state* (pp. 291 – 317). New York: Free Press.

Warren, K. F. (1993). We have debated ad nauseum the legitimacy of the administrative state—but why? *Public Administration Review*, 53, 249 – 254.

Waste. R. J. (Ed.). (1986), *Community power: Directions for future research.* Newbury Park, CA: Sage.

Waste, R. J. (1989). *The ecology of city policymaking.* Oxford: Oxford University Press.

White, J. D. (1986). On the growth of knowledge in public administration. *Public Administration Review*, 46, 15 – 24.

White, J. D. (1990). Images of administrative reason and rationality: The recovery of practical discourse. In H. D. Kass & B. L. Catron (Eds.), *Images and identities in public administration* (pp. 132 – 150), Newbury Park, CA: Sage.

White, J. D., & Adams, G. B. (1994). Making sense with diversity: The context of re- search, theory, and knowledge development in public administration. In J. D. White & G. B. Adams, *Research in public administration: Reflections on theory and practice* (pp. 1 – 24). Thousand. Oaks, CA, Sage,

White, O. F., Jr. (1998). The ideology of technocratic empiricism and the discourse move- ment in contemporary public administration: A clarification. *Administration & Society*, *30*, 471 – 476.

White, O. F., Jr., & McSwain. C. J. (1990). The Phoenix project: Raising a new image of public administration from the ashes of the past. In H. D. Kass & B. L. Catron (Eds.), *Images and identities in public administration* (pp. 21 – 59). Newbury Park, CA: Sage.

Williams, O. P., & Adrian, C. R. (1963). *Four cities: A study in comparative policy making*. Philadelphia: University of Pennsylvania Press.

Wilson, W. (1997). The study of administration. In J. M. Shafritz & A. C. Hyde (Eds.), *Classics of public administration* (4th ed. pp. 14 – 26). Fort Worth, TX: Harcourt Brace College Publishers. (Original work published 1887)

Wood, G. S. (1969). *The creation of the American republic 1776 – 1787*. Chapel Hill: University of North Carolina Press.

Yankelovich, D. (1991). *Coming to public judgment: Making democracy work in a complex world*. Syracuse, NY: Syracuse University Press.

Young, I. M. (2000). *Inclusion and democracy*. Oxford: Oxford University Press.

Zanetti, L. A. (1997). Advancing praxis: Connecting critical theory with practice in pub- lic administration. *American Review of Public Administration*, *27*, 145 – 167.

Zanetti, L. A., & Carr, A. (1997). Putting critical theory to work: Giving the public administrator the critical edge. *Administrative Theory & Praxis*, *19*, 208 – 224.

Zanetti, L. A., & Carr, A. (2000). Contemporary pragmatism in public administration: Exploring the limitations of the "third productive reply." *Administration & Society*, *32*, 433 – 452.

Zinn, H. (1999). *A people's history of the United States: 1492 – present*. New York: HarperCollins.

索 引

（页码为原文页码）

A

Action theory 行动理论, 94

Adams, Guy 盖伊·亚当斯, 23

Administrative legitimacy 行政合法性, 105 – 108

 Constitution-based dialogue 基于宪法的对话, 107

 discourse theory and 话语理论, 91

 responses to legitimacy concerns 对合法性问题的回应, 89 – 90

Administrative neutrality 行政中立, 21

Administrator-citizen interaction 官员—公民互动, 83 – 85

Adorno, Theodor 西奥多·阿多诺, 7, 16, 18 – 19, 32, 58, 142

Adrian, C. R. C. R. 阿德里安, 76, 78, 80

Agger, Ben 本·阿格, 39, 28, 31, 58 – 59. 87, 141

Anti-Federalists 反联邦党人, 102, 119, 328

Antiadministration concept 反行政概念, 40, 93. 109

 alterity concept 他异性, 110

 daily human interests and 日常人类利益, 11 1 – 118

 Farmer on 法默, 110, 144

 Features of 特征, 110

geography and 地理学, 112–113

materiality 物质性, 116–118

neighborhoods and 邻里关系, 113–114

political economy 政治经济, 114–116

private lives and 私人生活, 111, 121–122, 124

Antifoundationalism 反基础主义, 25, 34

Arendt, Hannah 汉娜·阿伦特, 92

Athenian model 雅典模式, 126

B

Banfield, E. C. E·C·班菲尔德, 76

Barber, Benjamin 本杰明·巴伯, 95

Baudrillard, Jean 让·鲍德里亚, 131.

Bennett, L. W. L·W·贝内特, 132

Berkhofer, R. F. R·F·贝克霍弗, 50, 55, 64–65

Best, Steven 史蒂文·贝斯特, 25, 131, 141, 144

Booker, M. Keith M·基思·布克尔, 4

Bowerman, Priscilla 普里西拉·鲍尔曼, 23

Bowles, S. S. 鲍尔斯, 67

Box, Richard C. 理查德·C. 博克斯, 24, 66, 95, 106

Bureau Men and Settlement Women: Constructing Public Administration In the Progressive Era《机关男人和社区女人：构建进步时代的公共行政》(*Stivers*, 斯蒂福斯), 24, 55, 65

Bureaucratization 官僚, 40

Bush. George W. 乔治·W. 布什, 42

C

Campbell, J.　J·坎贝尔, 99

Capitalism　资本主义（制度）, 16, 28

    advanced capitalism　发达资本主义, 26, 45

    alternatives to　替代选择, 4

    democracy in　民主, 38

    dominant masculine values of　占主导地位的男性价值观, 45-46

    impact on human life/environment　对人类生活/环境的影响 25-26

    materiality and　物质性, 117-118

    as one-dimensional life　单向度的生活, 33, 37

Caretaker government　看守政府, 78

Carr, Adrian　阿德里安·卡尔, 24, 99

Citizen Governance: Leading American Communities into the Twenty-first Century (*Box*)　《公民治理：引领美国社区进入21世纪》（博克斯）24, 66

Citizen participation　公民参与, 94, 103, 110, 126-127

    administrator-citizen interaction　官员—公民互动, 83-85, 105

    elusive public　难于捉摸的公众, 127-133

    involvement techniques　参与技术, 40

Citizen self-governance　公民自治, 127

Citizenship, private lives and　公民权利、私人生活, 118-121

City Managers in Legislative Politics (*Loveridge*)　《立法政治中的城市管理者》（洛夫里奇）, 76

City Politics　城市政治（班菲尔德和威尔逊，Banfield and Wilson）, 76

Civic participation　公民参与, 119-120

Civic Wars: Democracy and Public Life in the American City during the Nine-

teenth Century（Ryan） 《公民战争：19 世纪美国的民主与公共生活》（瑞安），67

Class division 阶级划分，36

Collaborative pragmatism 协同实用主义

    critical thought and 批判思想，101 – 105

    instrumental nature/limitations of 工具性/限度，98 – 99

    McSwite's pragmatism 麦克斯威的实用主义，94 – 95，97，104

Collective action 集体行动，104

Common sense 常识，18，26，43

Communication 交往，5，32

Communication theory（Habermas） 交往理论（哈贝马斯），23，56，58

Communism 共产主义，41 – 42

Communitarianism 社群主义，104，131

Community centers 社区中心，39，103

Community government 社区政府，112

    geography and 地理，112 – 113

    materiality 物质性，116 – 118

    neighborhoods 邻里关系，113 – 114

    political economy 政治经济，114 – 116

Community orientation, diversity in, 社区定位，多样性 79 – 81

Community power 社区权力

    community orientation and 社区定位，79 – 81

    four Cities theory 四城理论，78 – 79

    growth machine theory 增长机制理论，76 – 77

    literature of 文献，75 – 76

    structures of 结构，75 – 76

Constitutional system 宪政体制, 127–129

Containment of social change 抑制社会变革, 38, 57

    democracy and 民主, 38–41

    research and 研究, 43–47

    Warfare state 战争状态, 41–43

Contradiction concept 矛盾概念, 32, 35

    containment and 抑制, 35–38

    dialectic, and change 辩证与变革, 16–17, 38

Control, 90. See also Elite control legitimacy of 控制, 90; 另见精英控制的合法性, 94

Cooper, Terry 特里·库珀, 12, 75

Cornell, Saul 索尔·康奈尔, 102

Countercultural movement 反主流文化运动, 58

Creation of the American Republic 1776–1787, The (Wood) 《美利坚合众国的创建：1776–1787：》(伍德), 24, 66

Credibility 可靠性, 39

"Crisis Theory" (Marx) "危机理论"(马克思), 142

Critical history 批判的历史

    deconstructing history 解构历史, 51–54

    use of term 术语的使用, 50

Critical reason 批判理性, 19

    imagination and 想象, 17–19

Critical social theory 社会批判理论, 3–4

    background to 背景, 15–16

    change and 变革, 13

    characteristics of 特征, 16–20

collaboration and 协作, 101-105

community context and 社会背景, 134-140

contradiction, dialectic, and change 矛盾, 辩证法和变革, 16-17, 35-38

critical reason and imagination 批判理性和想象, 17-19

emancipation and self-determination 解放与自决, 19-20, 57-59

Habermas and 哈贝马斯, 5

historical scholarship and recoverable past 历史学和可复原的过去, 56-57

Marcuse's thought and, 马尔库塞的思想 6-7, 27, 32-34, 38, 41

need for 需要, 24—26

postmodern pragmatism and 后现代实用主义, 26-30, 59

public administration and 公共行政, 8, 14-15, 21-24, 57

purpose of critical practice 批判实践的目的, 140-145

Critical theory, use of term 批判理论, 术语的使用, 15-16

Critical theory model 批判理论模型

    conditions conducive to discourse 有助于言说的情形, 85-87

    false consciousness state 虚假的意识状态, 74

    practical application of 实际应用, 87-88

    public administrator and 公共管理者, 75

    values underlying model 价值观的基本模式, 73-75

Cummings, Scott 斯科特·卡明斯, 139

D

Dahl, Robert 罗伯特·达尔, 76

Deliberative democracy 协商民主, 40, 131

Democracy, 民主 32-33, 38-41
  deliberative democracy 协商民主, 40, 131
  direct self-determination 直接自决, 38-39
  Marcuse's sham-democracy 马尔库塞的虚假民主, 39-40
  Mouffe's vision of 墨菲的愿景, 123-124
  procedural model of 程序模型, 39
  radical democracy 激进民主, 107
  representational governance and 代议制治理, 39
  representative democracy 代议制民主, 119

Democracy and Capitalism: Property, Community, and the Contradictions of Modern Social Thought (Bowles & Gintis) 《民主和资本主义：财产、社区、以及现代社会思想的矛盾》(鲍尔斯与金蒂斯), 67

Denhardt, Robert 罗伯特·登哈特, 23, 73

Derrida, Jacques 雅克·德里达, 107

Dewey, John 约翰·杜威, 61-63, 98-99, 103, 106, 108, 130-131

Dialectic of Enlightenment (Horkheimer & Adorno) 《启蒙辩证法》(霍克海默与阿多诺), 18

Dialectical thought (method) 辩证思想（方法）, 16-17, 35

Direct citizen self-determination 直接公民自决, 38-39

Discourse theory 话语理论
  accountability feedback loop 责任反馈圈, 92
  limits of theory 理论局限, 95-97
  McSwite's collaborative pragmatism 麦克斯威的协同实用主义, 94-95
  nature of problems/prescriptions for 问题性质/对策, 92
  new works on 新成果, 95
  public setting for 公众环境, 100-101

research on 研究, 91–92

Dolbeare, Kenneth 肯尼思·多比尔, 23

Duby, G. G. 达比, 52

E

Ebert, Teresa 特丽萨·埃伯特, 4, 59, 118, 124

Eclipse of Reason (Horkheimer), 《理性的衰落》(霍克海默), 18

Economic justice 经济正义, 24

Elite control 精英控制, 40, 66, 70, 75–76, 103–104

    four cities model 四城模型, 78–79

    growth machine elite 增长机制精英, 77

Emancipation 解放, 57–59, 86

    self-determination and 自决, 19–20, 33

Employment, individual-organization transition in 就业；个体—组织变迁, 67

Engels, Frederick 弗雷德里克·恩格斯, 35

Enlightenment 启蒙, 15–18, 20, 28, 33, 86

Environmental impacts 环境影响, 26

Exchange values versus use values 交换价值与使用价值, 115, 138

F

Farmer, David John 大卫·约翰·法默, 40, 54, 91, 93, 106, 110, 123, 144

Fay, Brian 布赖恩·费伊, 5

Federalist government 联邦政府, 94, 102–103, 119, 126, 128

Follett, Mary Parker 玛丽·帕克·福利特, 94, 101–103, 113, 131

Forester, John 约翰·福里斯特, 23

Foucault, Michel 米歇尔·福柯, 54, 63, 106, 110

Four Cities (Williams & Adrian), 《四城》(威廉姆斯和阿德里安), 76, 78–79

Four cities theory 四城理论, 78–79
 arbitrating among conflicting interests 利益冲突中的仲裁, 78
 caretaker government 看守政府, 78
 city providing/securing amenities 城市供给/安全设施, 78
 economic growth city 经济增长城市, 78

Fox, Charles J. 查尔斯·J. 福克斯, 39, 91–92, 95, 97, 105, 159

Frankfurt school 法兰克福学派, 3, 5, 8, 16–20, 23, 25, 31–32, 56, 62, 132, 134, 142
 American pragmatism and 美国实用主义, 26, 28

Frazer, Elizabeth 伊丽莎白·弗雷泽, 101

Frederickson, H. George H. 乔治·弗雷德里克森, 22

Free access 自由入口, 81

Freedom 自由, 36

Freire, Paulo 保罗·弗莱雷, 106

Freud's reality principle 弗洛伊德的现实原则, 36

Friedrich-Finer debate 弗里德里希与芬纳的辩论, 122

Fukuyama's end of history 福山的历史终结论, 37

Fung, A. A. 冯, 145

G

Gaus, John 约翰·高斯, 55

Gender 性别, 32–33, 45–47

Geographic determinism 地理决定论，112－113

Geuss, Raymond 雷蒙德·格斯，60－61

Giddens, Anthony 安东尼·吉登斯，95

Gintis, H. H. 金蒂斯，67

Globalization 全球化，25，34，53

Government. See also Community government 政府，另见社区政府
   citizen access and opportunity to 公民路径与机会，6
   resistance to 阻力，60－61，137，142

Government Is Us: Public Administration in an Anti-GovernmentEra (King & Stivers) 《政府即我们：反政府时代的公共行政》（金和斯蒂福斯），66

Gramsci, Antonio 安东尼·葛兰西，16－17，24，106 Ventriss

Group process 群体进程，94

Growth machine theory 增长机制理论，24，76－79

H

Habermas, Jürgen 尤尔根·哈贝马斯，5，16，19－20，23－24，32，34，42，56，58，62，86，92

Hansen, Kenneth N. 肯尼思·N. 汉森，95－96，98，100

"Happy Consciousness" (Marcuse) "幸福意识"（马尔库塞），58

Harmon, Michael 迈克尔·哈蒙，94

Harrigan, J. J. J.J. 哈里根，76

Hart, David 大卫·哈特，67

Harvey, David 大卫·哈维，26，135

Hegel, G. G. 黑格尔，18，23，35－36，73

Herzog, Richard 理查德·赫佐格，95

Historical analysis 历史分析
  "Clio at the crossroads," "十字路口上的克里奥", 64-68
  deconstructing history, 解构历史, 51-54
  great story/men, 伟大的故事/人, 53
  history as systems-affirmer, 作为体制验证者的历史, 54
  limitations of 限制, 55
  public administration and 公共行政, 55
  redefining/rediscovering history 重新定义/重新发现历史, 54-56
  value systems 价值体系, 52-53
Hoch, Charles 查尔斯·霍克, 137
Horkheimer, Max 马克斯·霍克海默, 16-18, 26, 32, 142
Howe, E. E. 豪, 83
Humanism 人文主义, 15
Hunter, Floyd 弗洛伊德·亨特, 76

I

In the Shadow of Organization (Denhardt) 《在组织的阴影下》（登哈特）, 23
Individual in the workplace 工作场所中的个人, 36
Institute for Social Research. See Frankfurt school Institutional change 社会研究所, 见法兰克福学派
Institutional change 制度变迁, 32

J

Jackson, Andrew 安德鲁·杰克逊, 128
Jacques, Roy 罗伊·雅克, 67

James, William 威廉·詹姆斯, 98

Jameson, Frederic 弗雷德里克·詹姆森, 4

Jay, Martin 马丁·杰伊, 18

Jefferson, Thomas 托马斯·杰斐逊, 10, 88, 107, 128

K

Kant, Immanuel 伊曼纽尔·康德, 18

Kaufman, J. J. 考夫曼, 83

Kautz, Stephen 斯蒂芬·考茨, 29

Kellner, Douglas 道格拉斯·凯尔纳, 7, 17, 25, 28, 33, 45, 131, 141–144

Kierkegaard, Soren 索伦·克尔凯郭尔, 131

King, Cheryl Simrell 谢里尔·西姆拉尔·金, 24, 66, 95

Kirlin, John 约翰·柯林, 9, 21

Kotter, J. P. J. P. 科特, 76

L

Lacey, Nicola 尼古拉·莱西, 101

Land use 土地利用, 77–78, 135, 139

Lawrence, P. R. P. R. 劳伦斯, 76

Legitimacy model. See also Administrative legitimacy 合法性模型, 另见行政合法性

　Happy Consciousness state 幸福意识状态, 71

　long-term impact of 长期影响, 72

　short-run effect of 短期效应, 72

　values underlying model 价值观的基本模式, 71–73

Legitimacy in Public Administration: *A Discourse Analysis* (McSwite)
《公共行政的合法性：一种话语分析》（麦克斯威），66

Libertarian socialism 自由社会主义，48

Lifestyle politics 生活方式的政治，103，112

Lippmann, Walter 沃尔特·李普曼，103，106，130

Logan, J. R. J. R. 洛根，115，135，138

Loveridge, R. O. R. O. 洛夫里奇，76

Lukacs, Georg 格奥尔格·卢卡奇，16-17

Lynd, H. M. H. M. 林德，76

Lynd, R. S. R. S. 林德，76

M

McSwain, Cynthia 辛西娅·麦克斯温，91

McSwite, O. C. O. C. 麦克斯威，12，66，89，91-92，94-95，97-98，100-105，118-119

Madison, James 詹姆斯·麦迪逊，118

Manufacturing the Employee: *Management Knowledge from the Nineteenth to Twenty-first Centuries* (Jacques) 《制造雇员：从19世纪到21世纪的管理知识》（杰克斯），67

Marcuse, Herbert 赫伯特·马尔库塞，13，20，43-44，48，54，64，68，93，99，104，132-133，142-143

    contradiction concept 矛盾概念，32-39

    critical reason and imagination 批判理性和想象，17-19

    critical social theory and 社会批判理论，5-9，16-18，24-26，32-34，38，41

    emancipation 解放，57-58

gender 性别, 45-47

"Happy Consciousness," "幸福意识", 58

One-Dimensional Man 《单向度的人》, 7, 11, 32-33, 36, 58

phantasy and 空想, 27-29

Reason and Revolution 理性与革命, 35

sham-democracy 虚假民主, 39-40

social hope 社会希望, 60-61

Warfare State 战争状态, 41-43

Marx, Karl 卡尔·马克思, 5, 16-17, 20, 23, 35-36, 63, 132, 142

Materiality 物质性, 116-118

Mayors in Action (Kotter & Lawrence) 《运转中的市长》(科特和劳伦斯), 76

Miller, Hugh T. 休·T. 米勒, 39, 91-92, 95-98, 100, 105

Mills, C. Wright C. 赖特·米尔斯, 4, 41, 62, 98-99

Molotch, Harvey 哈维·莫罗奇, 24, 76-79, 115, 135, 138

Mouffe, Chantal 尚塔尔·墨菲, 23, 107, 123-124, 139

Mumford, Lewis 刘易斯·芒福德, 98

N

Negative rights 消极权利, 10, 21

Neighborhoods 邻里关系, 113-114, 131

New public administration 新公共行政, 22, 48, 63, 122

New public management 新公共管理, 21, 63, 110

New State: Group Organization the Solution of Popular Government, The (Follett) 《新国家:作为公众政府解决方案的集团组织》(福利特), 94, 113, 131

Nietzsche, F. W.　F. W. 尼采, 19, 49

O

One-Dimensional Man（Marcuse）　《单向度的人》（马尔库塞）, 7, 32-33, 36, 58

One-dimensional society　单向度的社会, 11-12, 20, 24-27, 38, 41, 44, 60, 73, 132-133, 138, 140

Organization of scarcity　稀缺组织, 37

Organizational America（Scott & Hart）　《组织化美国》（斯科特 & 哈特）, 67

Organizational theory　组织理论, 23

Organizations　组织
　　individual to organizational imperative　从个人到组织的必要性, 67
　　modern organizations　现代组织, 67

P

Papini, G.　G·帕皮尼, 98

Participative (deliberative) democracy　参与性（协商）民主, 40, 131

Patterson, Patricia　帕特里夏·帕特森, 95

People's History of the United States, A（Zinn）　《美国人民的历史》（津恩）, 66

Performance principle　绩效原则, 36

Personal freedom　人身自由, 71

Peterson, Paul E.　保罗·E. 彼得森, 76, 115, 138

Phantom Public, The（Lippmann）《幻影公众》（李普曼）, 130

Planning practice　规划实践, 23

Political economy 政治经济, 114–116

Political protest 政治抗议, 32

Positive rights 积极权利, 10

Positivism 实证主义, 18, 26, 35, 43, 50

The Postmodern Adventure (Best &Kellner) 《后现代探险》（贝斯特&凯尔纳）, 25

Postmodern pragmatism, critical social theory and 后现代实用主义, 批判社会理论, 26–30

Postmodernism 后现代主义, 4, 59, 131
 dominant society and 主流社会, 4
 Frankfurt theory and 法兰克福理论, 27–28
 historicization and 历史化, 50, 55
 public administration and 公共行政, 24–25

Power structures 权力结构, 75–76, 100, 134. See also Community power 另见社区权力
 community power structures 社区权力结构, 75–76

Pragmatism 实用主义, 91. *See also* Collaborative pragmatism 另见协同实用主义
 James on 詹姆斯, 98
 McSwite's collaborative pragmatism 麦克斯威的协同实用主义, 94–95
 Phantasy 空想, 26–30
 Rorty's approach to 罗蒂的方法, 99, 104
 usefulness of 效用, 97–101

Private interests 私人利益, 115

Private lives 私人生活
 antiadministration and 反行政, 121–122, 124

  citizenship and　公民权, 118-121

  public administrators and　公共管理者, 122-123

Procedural justice　程序正义, 24

Progressive era　进步时代, 39, 48, 50, 55, 103, 111

Public administration　公共行政

  administrative neutrality and　行政中立, 21

  critical social theory and　社会批判理论, 8, 14-15, 21-24, 57, 62-64

  democratic engagement in　民主参与, 40

  Denhardt's organizational theory for　登哈特的组织理论, 23

  feminine-masculine values　女性—男性价值观, 46-47

  Habermas's communication theory　哈贝马斯的交往理论, 23

  historical analysis and　历史分析, 55-56

  politics and　政治, 39, 43, 70, 128

  postmodernism and　后现代主义, 24-25

  practice and research in　实践与研究, 44

  public opinion and　民意, 128-130

  social change and　社会变迁, 61, 63

  societal conditions and　社会条件, 3

  Stiver's historical interpretation of　斯蒂弗的历史诠释, 65-66

Public administration theory　公共管理理论

  administrative discretion and　行政自由裁量权, 69-70

  critical theory model　批判理论模型, 70

  legitimacy model　合法性模型, 70

Public administrators　公共管理者

  administrative legitimacy and　行政合法性, 105-106

administrator-citizen interaction 官员—公民互动, 83–85
conditions conducive to discourse 有益于言论的情形, 85–87
critical theory model and 批判理论模型, 75
Farmer's postmodern administrator 法默的后现代官员, 93
interpreter/facilitator role 诠释者/促进者角色, 88
involvement in discourse 参与话语, 82–83
private lives and 私人生活, 122–123

Public choice model 公共选择模型, 86

Public discourse 公共话语, 70. See also Discourse theory 另见话语理论
administrator-citizen interaction 官员—公民互动, 83–85
conditions conducive to 有利条件, 85–87
free access to 自由入口, 81
involvement in 参与, 82–83
legitimacy of 合法性, 81

The Public and Its Problems, The (Dewey), 《公众及其问题》（杜威）, 130

Public opinion 民意, 128–130
media and 媒体, 131

Public Opinion (Lippmann) 《公共民意》（李普曼）, 130

Public policy 公共政策
growth machine elite 增长机制精英, 77
public and 公众, 128–129

R

Radicalism 激进主义, 58
Rational analysis 理性分析, 56

Rationalism 理性主义, 98

Rawls, John 约翰·罗尔斯 33

Reality principle 现实原则 36-37

Reason 理性 18-19, 36

Reason and Revolution (Marcuse) 《理性与革命》(马尔库塞), 35

Regime values 政体价值, 55

Reisman, David 大卫·赖斯曼, 4

Rent-seeking behavior 寻租行为, 115

Representational governance 代议制管理, 39

Representative democracy 代议制民主, 119

Research of total administration 关于完全行政的研究, 43-45

Rohr, John 约翰·罗尔, 55

Rorty, Richard 理查德·罗蒂, 8, 28-30, 54, 61-63, 66, 99, 104, 124

Roth, M. S. M. S. 罗思, 55

Rousseau, Jean Jacques 让·雅克·卢梭, 39

Ruscio, Kenneth 肯尼思·鲁肖, 101

Ryan, Mary 玛丽·瑞安, 67

S

Sandel, Michael 迈克尔·桑德尔, 95

Schon, Donald 唐纳德·舍恩, 38

Scott, Frank 弗兰克·斯科特, 95

Scott, William 威廉·斯科特, 67

Self-determination 自决, 134-135, 139

Self-governance 自治, 134-135

Selznick, Philip 菲利普·塞尔兹尼克, 95
Sementelli, Arthur 阿瑟·西门特利, 95
Simon, Herman 赫尔曼·西蒙, 122
Sinopoli, Richard 理查德·西诺波利, 102
Smith, B. G. B. G. 史密斯, 52
Snider, Edmond 爱德蒙·斯奈德, 139
Social change 社会变迁, 3, 36, 59–61, 134, 142, 345. *See also* Containment of social change 另见遏制社会变革
    incremental change 递增量, 61–62
    public administration and 公共行政, 61, 63
Social equity 社会公平, 22, 74, 122
Social freedom 社会自由, 18
Social hope 社会希望, 59–62
Social problems 社会问题, 99
Social resistance 社会阻力, 47, 142
Social systems 社会系统, 38
    change and status quo in 变革和现状, 16–17
Social welfare 社会福利, 115
Social-workplace conditions 社会工作场所的状况, 67
Spicer, M. W. M. W. 斯派塞, 55–56
Stivers, Camilla 卡米拉·斯蒂福斯, 24, 55–56, 65–66, 95, 97, 105, 111
"Study of Administration, The" (Wilson) "行政研究"(威尔逊), 128

T

Terry, L. D. L. D. 特里, 55–56

Theory of justice (Rawls) 《正义论》(罗尔斯),22
Thoreau, Henry David 亨利·大卫·梭罗,121
Tocqueville, Alexis de 亚历西斯·德·托克维尔,45-46,93
Trickle-down effects 涓滴效应,116,138

U

Utopianism 乌托邦理想,4,29,47-48,124
 Great Refusal and 大拒绝,47

V

Ventriss, Curtis 柯蒂斯·文崔斯,9
Voting rates 投票率,127

W

Warfare government 战时政府,41
Warfare State 战争状态,32,41-43
Warren, Mercy 默西·沃伦,128
Waste, R. J. R. J. 魏思特,75
Weber, Max 马克斯·韦伯,132
Welfare state liberalism 福利国家自由主义,22,58
White, Jay D. 杰伊·D. 怀特,23,73
White, Orin R, Jr. 小欧林·R. 怀特,91,96-97,100
Whyte, William 威廉·怀特,4
Williams, O. P. O. P. 威廉姆斯,76,78,80
Wilson, J. Q. J. Q. 威尔逊,76
Wilson, Woodrow 伍德罗·威尔逊,128-130

Winstanley, Gerrard 杰拉德·温斯坦利, 118
Women's liberation movement 妇女解放运动, 46
Wood, Gordon S. 戈登·S. 伍德, 24, 66, 102, 116, 128
Workplace conditions 工作场所状况, 67
Wright, E. O. E. O. 赖特, 145

Z

Zanetti, Lisa 丽莎·扎内蒂, 24, 95, 99, 105–106
Zinn, Robert 罗伯特·齐恩, 66

译后记

在公共行政学领域中,理查德·C.博克斯因其独特的职业经历和鲜明的研究特色而受到关注。除了对民主、公民自治等问题的深入探讨,他尤其致力于将批判理论引入公共行政学中。在一定程度上,他是近年来对此用功最勤、影响最大的学者。译者此前主持编译的《公共行政学中的批判理论》(中国人民大学出版社2008年版)一书中,博克斯的文章几乎占了一半篇幅,其余论者也对博克斯多有引述,足见其在"圈内"的声望——虽然这个"圈子"相对于主流而言显得较小。

本书由戴黍主持翻译,并承担了导言、第3章、第6章、第7章的译校工作。华南师范大学公共管理学院行政管理专业硕士研究生李振亮、贺年、曾定茜、倪斯铌、罗鑫武、李强、苏淑君、张圆圆等参与了其余各章的译校。全书最后由戴黍统筹定稿。整个译校过程艰苦而愉快:既有绞尽脑汁的困惑,亦有豁然开朗的舒畅;既有辞不达意的烦恼,亦有遣句自如的窃喜;既有各执己见的争拗,亦多相互启发的共鸣……历时三年,数易其稿。其间的成果,绝不止于这一册薄薄的书稿,更多的是对公共行政学中批判社会理论的学习、思考、创造的体验。当然,书中的一切错漏之处概由译者负责。

虽然译者受过一定的哲学训练并从事公共行政学的研究,但译者自身的语言水平、学术素养有限,使得译文欠妥之处在所难免。

同时，博克斯原文较为晦涩、学科背景较为复杂、生僻术语较多，也令译者屡有"臆造"的"不地道"的译法，恳望方家指正、谅解。

戴黍

2011年2月20日

于广州天河

Critical Social Theory in Public Administration
By Richard C. Box
Copyright © 2005 by M. C. Sharpe, Inc.
Simplified Chinese Edition Copyright © 2015 by Central Compilation & Translation Press
All Rights Reserved

图书在版编目（CIP）数据

公共行政中的批判社会理论／（美）博克斯著；戴黍译.
—北京：中央编译出版社，2015.9
书名原文：Critical social theory in pulibic administration
ISBN 978-7-5117-2533-2

Ⅰ.①公…
Ⅱ.①博…②戴…
Ⅲ.①行政学－研究
Ⅳ.①D035

中国版本图书馆 CIP 数据核字（2015）第 027520 号

公共行政中的批判社会理论

出 版 人：	刘明清
出版统筹：	贾宇琰
责任编辑：	张　娟　贾宇琰
责任印制：	尹　珺
出版发行：	中央编译出版社
地　　址：	北京西城区车公庄大街乙 5 号鸿儒大厦 B 座（100044）
电　　话：	（010）52612345（总编室）　　（010）52612375（编辑室）
	（010）52612316（发行部）　　（010）52612317（网络销售）
	（010）52612346（馆配部）　　（010）55626985（读者服务部）
传　　真：	（010）66515838
经　　销：	全国新华书店
印　　刷：	北京金瀑印刷有限责任公司
开　　本：	787 毫米×1092 毫米　1/16
字　　数：	178 千字
印　　张：	14.75
版　　次：	2015 年 9 月第 1 版第 1 次印刷
定　　价：	58.00 元

网　　址：	www.cctphome.com	邮　箱：	cctp@cctphome.com
新浪微博：	@中央编译出版社	微　信：	中央编译出版社（ID：cctphome）
淘宝店铺：	中央编译出版社直销店（http://shop108367160.taobao.com）　（010）52612349

凡有印装质量问题，本社负责调换，电话：（010）55626985